글쓰기 공포 탈출하기

글쓰기 공포 탈출하기

김상우 지음

페이퍼로드
paperroad

책을 내면서

"뭐 좋은 것 없을까? 나이나 성별에 구애받지 않고 읽을 수 있으면서, 영양가 있는 것으로 말이야. 물론 재미도 있어야 하고…."

2007년 겨울 어느 날 신문사 편집국에서 오간 대화의 한 토막이다. 일요일 아침에 배달되는 〈중앙SUNDAY〉에 온 가족에게 두루 도움이 될 수 있는 기사를 게재해야 하는 숙제가 떨어졌다. 어려운 주문이다. 누구에게나 재미있으면서 유익한 게 어디 그리 흔하단 말인가? 군대에서 고참이 졸병에게 1,000원짜리 달랑 한 장 주면서 "소주 2병에, 땅콩 한 봉지, 새우깡 2봉지 사고 500원 남겨 오라"고 말하는 것과 다를 바 없다.

몇 차례 논의 끝에 나온 소재가 '글쓰기'였다. 초등학생부터 직장인까지 누구나 관심을 가질 만한 것으로 글쓰기를 뛰어넘을 만한 것이 없다는 데 의견이 모아졌다. 「글쓰기 공포 탈출하기」는 이렇게 해서 시작됐다. 신문에 연재하는 동안 많은 분에게서 "재미있다" "지금까지 보지 못하던 스타일이다" "신문을 복사해 월요일 아침에 직원들이 돌려 읽는다"는 등의 칭찬을 받았다. 이 책 『글쓰기 공포 탈출하기』는 2008년 〈중앙SUNDAY〉에 연재한 「글쓰기 공포 탈출하기」의 내용을 수정하고 보완한 것이다.

글을 쓴다는 것은 여간 골치 아픈 일이 아니다. 글을 쓰기 위해 책상 앞에 앉았다가 어떤 내용을 써야 할지 몰라 머릿속이 하얗게 되는 듯한 느낌을 누구나 한번쯤은 경험했을 것이다. 초등학생은 일기를, 중·고생들은 독후감과 논술을, 대학생은 리포트와 자기 소개서를 써내기 위해 머리를 싸맨다. 직장인은 연수나 출장을 다녀온 뒤에, 새로운 사업을 할 때마다 보고서나 기안 용지를 놓고 씨름을 한다. 멀리서 사보 담당자가 보이면 혹시라도 원고 청탁을 하지 않을까 일찌감치 줄행랑을 놓기 일쑤다.

이처럼 글을 써야 할 기회는 많지만 실제로 글을 쓰는 일은 적다. 필자의 기억을 되살려보면 초등학교 때는 연례행사로 위문편지를 쓰고, 대학생 때는 하숙비가 떨어질 만하면 '부모님 전 상서'로 시작되는 편지를 띄우곤 했다. 그러나 요즘은 어떤가? 웬만하면 전화를 하거나 문자 메시지로 대신하는 바람에 글 쓸 기회를 스스로 차 버린다. 연애편지도 거의 자취를 감췄다. 글을 쓴다고 하더라도 컴퓨터로 다른 사람의 것을 복사해서 갖다 붙이기 일쑤다. 그렇다고 글쓰기에서 완전히 해방될 수 있는 것도 아니다. '피할 수 없으면 즐겨라'는 말이 있다. 글을 쓸 수밖에 없는 독자들이 조금이라도 글 쓰는 두려움에서 벗어나도록 하는 것이 이 책의 목표다.

대형 서점에 가 보면 글쓰기와 관련된 책들이 책꽂이를 몇 칸이나 차지하고 있다. 하지만 내용이 이론 중심이고 딱딱하기가 어슷비슷하다. 이 책은 몇 가지 면에서 기존의 글쓰기 교재와 구별된다. 우선 '부담 없다'는 것이다. 대부분의 서적이 대학생 수준의 눈높이에 맞추고 있지만 이 책은 눈높이를 확 낮췄다. 중학생이면 이해하는 데 별 무리가 없도록 만들었다. 이를 위해 문법적인 설명을 최소한으로 줄였다. 좋은 글을 쓰기 위해 기획은 어떻게 하고 구성을 어떻게 해야 하는지는 언급하지도 않았다. 약방의 감초 격으로 등장하는 한

글맞춤법 규정조차 싣지 않았다.

이 책은 순서대로 읽을 필요도 없다. 어디를 먼저 펼쳐도 상관없다. 지하철이나 버스 안에서 무료할 때 몇 쪽 읽어도 좋고 잠이 오지 않아 뒤척일 때 수면제 대신 꺼내 들어도 좋다. 모르는 부분이 있으면 건너뛰어도 된다. 앞에 나온 것을 읽지 않았다고 뒤의 것이 이해되지 않는 곳은 없다.

또 하나의 특징은 '가깝다'는 것이다. 문법을 일방적으로 주입하기보다는 사례 위주로 쉽게 알 수 있도록 전개했다. 그것도 틀린 문장 중심으로. 예문은 일간 신문에 실린 것들이 많지만 구청이 발행하는 신문을 비롯해 기업이나 관공서에서 발표하는 보도자료, 잡지, 사보, 판결문 등에서 두루 구했다. 취재 현장이나 일상생활 주변에서 흔히 볼 수 있는, 살아 있는 문장이다. 솔직히 말하면 필자가 자주 틀리는 것을 모아 놓은 것이라고 보면 된다. 이 때문에 글을 읽으면서 '아하! 나도 그렇구나' 하고 무릎을 치는 독자가 많을 것이다.

이 책은 필자 혼자 만든 것이 아니다. 책 전체의 틀을 정하고 소재를 선정하는 데 아낌없이 조언해 준 이춘성 선배, 매끄러운 글이 신문에 게재되도록 데스크를 봐 준 이규연 선배, 출고된 글의 잘잘못을 바로잡은 최성우 선배, 그리고 맛깔난 제목을 달아 준 배원일 기자 공동의 작품이라고 할 수 있다. 좋은 예문을 많이 제공해 주신(?) 분들께도 감사의 말씀을 드린다.

책의 출간을 권유해 주시고 깔끔하게 나올 수 있도록 뒤치다꺼리를 도맡은 도서출판 페이퍼로드 최용범 대표와 식구들께 고맙다는 인사를 드린다.

2013년 2월 끝자락

김상우

종이만 보면 머릿속이 하얘지는

글쓰기 공포 탈출하기

1 첫 문장이 '리드'한다

독자는 기다려 주지 않는다. 초반에 재미없으면 책이나 신문을 덮어 버린다. 미끼를 던져 독자를 끌어들여야 한다. · **21**

2 접속어는 아껴 쓰자

접속어를 빼고 문장을 만들었을 때 이상하지 않다면 굳이 접속어를 쓸 필요가 없다. 접속어 없는 문장이 훨씬 힘 있고 간결하다. · **24**

3 짧을수록 명쾌하다

긴 문장은 독자를 지루하게 만든다. 뜻을 파악하기도 힘들다. 한 문장은 50~70자가 적당하다. · **27**

4 글은 흘러야 한다

간결함을 위해 지나치게 압축하면 문장이 딱딱해지고 리듬감이 없어진다. 물이 흐르듯, 글도 흘러야 자연스럽다. · **31**

5 압축도 좋지만 풀어 쓰자

명사나 명사형을 나열하기보다 동사와 부사 중심으로 풀어 쓰면 문장이 매끄러워진다. · **35**

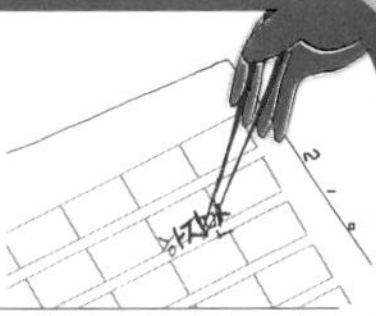

종이만 보면 머릿속이 하얘지는

글쓰기 공포 탈출하기

??
뜻을
제대로
알아야

종이만 보면 머릿속이 하얘지는
글쓰기 공포 탈출하기

~에 있어(서)
~에서

종이만 보면 머릿속이 하얘지는

글쓰기 공포 탈출하기

상황에 따라…
ㄴ 가
여부가 있다.

종이만 보면 머릿속이 하얘지는

글쓰기 공포 탈출하기

가까울수록
의미 수월
주어
서술어

1

첫 문장이 '리드'한다

독자는 기다려 주지 않는다.
초반에 재미없으면 책이나 신문을 덮어 버린다.
미끼를 던져 독자를 끌어들여야 한다.

글의 첫 문장은 중요하다. 독자를 사로잡아야 한다. 또 글 전체의 분위기를 좌우하고 방향을 잡는 역할을 해야 한다. 기사의 첫 문장을 영어로 '리드lead' 라고 하는 것을 음미해 볼 필요가 있다. 글의 길라잡이 역할을 한다는 뜻이다.

몇 년 전만 해도 마감 시간 직전의 신문사 편집국은 '너구리 잡는 굴' 이었다. 여기저기서 기자들이 피워 대는 담배 연기가 안개처럼 자욱했다. 마감 시간은 다가오는데 쓸 만한 리드가 떠오르지 않는 까닭이다. 기자들은 애꿎은 담배만 연방 축낸다. 첫 문장이 나오기만 하면 그 다음은 술술 풀릴 것 같은데 머릿속에서만 맴도니 미칠 노릇이다.

첫 문장을 쓰는 것은 헝클어진 실타래에서 실마리를 찾는 것과 같다. 무슨 일이든 처음은 어렵다. 애인의 손을 처음 잡거나 회사에 처음 출근하는 일, 아이를 처음 학교에 보내는 것…. '시작이 반' 이라는 말에 고개를 끄덕이는 사람이 많을 것이다.

요즘에는 글의 종류나 필자의 성향이 워낙 다양해 글쓰기에 왕도가 없다는 말이 나온다. 그렇더라도 첫 한두 문장에서 글의 성패가 갈린다는 지적은 중요하다. 대입 논술이든, 회사 보고서든 마찬가지다. 미국의 저널리스트이자 작가인 윌리엄 진서는 그의 저서 『글쓰기 생각쓰기*On Writing Well*』에서 "첫 문장에서 읽는 사람을 끌어들이지 못하면 그 글은 죽은 것이나 다름없다"고 강조했다.

첫 문장이 왜 중요할까. 대개의 독자는 관대하지 않다. 재미있거나 중요한 부분이 나올 때까지 기다려 주지 않는다. 초반에 재미없다 싶으면 책이든 신문이든 덮어 버리기 일쑤다. 읽는 사람이 외면한다면 필자로서는 사형 선고를 받는 것이나 다

름없다. 그러니 초반에 미끼를 던져 독자를 유인해야 한다.

어떤 리드가 효과적일까. 첫째, 집필 의도를 압축적으로 보여 주어야 한다. 대개는 짧을수록 좋다. 전체 내용을 훑어보고 이를 한 문장으로 표현하는 훈련을 하자.

둘째, 독자에게 궁금증을 불러일으키고 독자가 글과 일체감을 느낄 수 있도록 해야 한다. 신선하고 이색적이며 이목을 끌 만한 표현을 쓰는 것이 좋다. 느낌이 좋은 시의 구절, 산뜻한 느낌을 주는 광고 문구나 신문 제목을 눈여겨봤다가 이를 활용하자.

보도문의 경우 리드는 사례 제시형, 본문 요약형, 비유형, 인용형, 묘사형, 질문형 등 여섯 가지로 나뉜다. 글의 성격이나 집필 의도에 따라 어떤 유형을 쓸지 정하자. 다음은 실제로 미국 신문에 실린 재미있는 리드들이다.

- "먼지가 사람을 죽이고 있다." (환경 기사 중)
- "이 도시에서는 땅이 가장 많은 사람이 가장 큰 도둑이다." (경제 기사 중)
- "오래전, 작은 나무를 사랑한 소년이 있었다." (인물 기사 중)

2
접속어는 아껴 쓰자

접속어를 빼고 문장을 만들었을 때 이상하지 않다면 굳이 접속어를 쓸 필요가 없다. 접속어 없는 문장이 훨씬 힘 있고 간결하다.

글쟁이 사이에는 잘 쓴 글인지 아닌지를 가려내는 몇 가지 척도가 있다. 그중 하나가 접속어를 얼마나 자주 쓰느냐다. 결론적으로 말하면 접속어를 가급적 적게 써야 글이 세련돼진다.

'그리고, 그런데, 그래서, 따라서, 그러므로' 등은 우리가 흔히 쓰는 접속어다. 이들은 단어와 단어, 구절과 구절, 문장과 문장을 잇는 고리 역할을 한다. 글쓰기는 옷을 지을 때의 바느질과 같다. 불필요하게 바느질을 많이 하면 두 폭을 맞대고 꿰맨 줄, 즉 솔기가 너덜너덜해진다. 접속사 역시 필요할 때만 쓰는 것이 자연스럽다. 천의무봉天衣無縫이라는 말이 왜 나왔겠나.

■ 어젯밤 과음을 해서 늦게 일어났다. 그래서 회사에 지각했다. 그러나 다행히 상사에게 혼나지는 않았다.

위의 세 문장은 접속어 '그래서, 그러나'로 연결돼 있다. 대개 글을 자주 쓰지 않는 사람이 이처럼 접속어를 즐겨 쓴다. 한 문장이 끝날 때마다 '그리고, 그래서, 그런데'를 약방의 감초처럼 집어넣는다. 접속어가 문장을 부드럽게 연결한다고 생각하기 때문이다. 글쓰기 초보자는 접속어가 없으면 뭔가 빠진 듯한 허전함을 느낀다. 시간 순서에 따라 내용을 전개해 나갈 때 특히 접속어를 애용한다. 새 단락을 시작할 때 버릇처럼 쓰기도 한다.

필자의 의도와 달리 접속어는 글의 긴장감을 떨어뜨리는 역효과를 가져오는 경우가 많다. 굳이 없어도 되는 자리에 끼어든 접속어는 성가신 존재일 뿐이다. 접속어가 윤활유 역할을 하는 것이 아니라 군더더기로 전락하는 것이다.

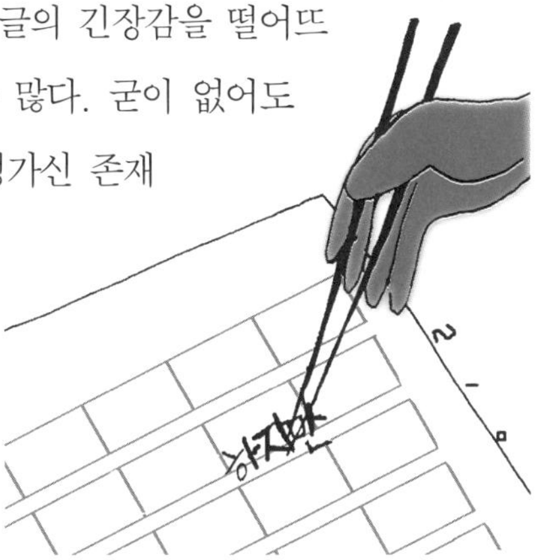

■ 왔노라, 보았노라, 이겼노라.

접속어 없는 문장이 훨씬 힘 있고 간결함을 보여 주는 대표적인 문장이다. 접속어가 필요한지 안 필요한지 어떻게 알 수 있을까. 접속어를 빼고 문장을 만들었을 때 이상하지 않다면 굳이 쓰지 않아도 된다.

■ 완성차 업체-1차 하청-2차 하청으로 이어지는 가격 인하와 리스크 부담 압력을 종업원에게 전가시킬 뿐이다. 하지만 이런 상황에서 근로자의 인적 자원 축적을 기대하는 것은 무리다.

'하지만'이 두 문장을 잇고 있다. 여기서 접속어는 '뱀의 다리蛇足'다. 있어도 좋고 없어도 좋은 경우가 아니다. 없어야 하는 자리에 잘못 들어갔다. 처음에는 무척 어색하겠지만 접속어를 빼고 문장을 잇는 버릇을 들이자. 썼노라, 뺐노라, 힘이 있노라.

3
짧을수록 명쾌하다

긴 문장은 독자를 지루하게 만든다.
뜻을 파악하기도 힘들다.
한 문장은 50~70자가 적당하다.

대중적 글쓰기의 부정적인 전형은 법원의 판결문과 검찰의 공소장이 아닐까. 전문적인 법률용어가 많이 나오기도 하지만 문장이 길어 독자를 지루하게 한다. 지금은 조금 나아졌지만 얼마 전까지만 해도 수십 쪽 분량의 글이 하나의 문장으로 이뤄져 있었다. 문장이 끊어질 듯하면 '하였으며, 하였고, 한편'으로 이어진다. 이런 문장을 읽는 독자는 숨이 막힌다. 마치 비흡연자가 흡연실에 들어갈 때 느끼는 것처럼.

■ 승객 여러분께서는 시내버스 정류소에서 버스를 기다릴 경우 차도에 내려서지 마시고 안전한 인도에서 기다려 주시기 바라며 또한 정차 범위를 벗어난 지점에서 무리한 승하차를 요구할 시 안전사고 발생 우려

와 함께 이를 위반하였을 경우 사업자 및 운수 종사자가 사업개선 명령 위반으로 과징금(과태료) 처분을 받게 되오니 시내버스가 정류소 정차 범위 준수 운행으로 안전하고 더 좋은 버스가 될 수 있도록 적극 협조하여 주시기 바랍니다.

서울의 시내버스 안에 붙어 있는 안내문이다. 필자가 생활 주변에서 본 가장 긴 문장이다. 충북 청주시의 한 아파트 승강기 안에 붙어 있는 협조문도 이에 뒤지지 않는다. 두 문장이 A4 용지 한 장을 가득 메울 정도다.

■ 당 아파트 103동에 설치 운영중인 엘리베이터는 인승 전용 승강기로 이삿짐 운반용으로 사용할 경우 사용자 안전 확보에 위험이 따르고, 또한 기계 손상을 초래할 수 있으니, 일상적인 생활 속에 발생하는 물건 이외 전입 전출로 발생되는 이삿짐 운반할 때는 엘리베이터를 사용하지 않도록 바랍니다. 부득이 이삿짐을 승강기로 운반시는 주민불편 및 전기료 상승 요인과 승강기 잦은 고장 원인이 될 수 있어 아파트 운영위원회(입주다 대표 회의) 결의에 의거 건당 1만원 사용료 납부 받아 승강기 고장 발생시 비용지출 하기로 되어 공지하오니 양지하여 주시기 바랍니다.

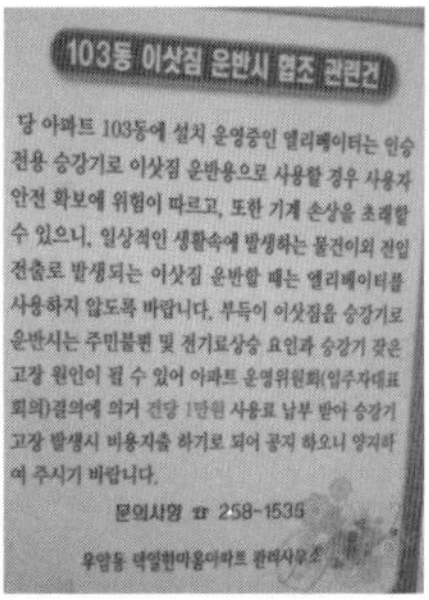

한 구청 소식지에 실린 아래 기고도 글이 뒤엉켜 어디가 주

어이고 어디가 서술어인지 알기 어렵다.

■ 대청봉이나 천왕봉처럼 웅장하거나 또 이름난 곳이 아니더라도 우리가 사는 가까운 곳에 이렇게 아기자기하게 예쁜 산이 있어 가슴이 답답할 때 언제든지 찾아와 온 천지를 붉게 물들이며 떠오르는 해를 보며, 또 아름답게 조용히 지는 석양을 보며 희망찬 새날을 기약할 수 있다면 우리의 또 다른 행복이 아닐까 하는 생각이 든다.

독자가 인내심을 갖고 좇아가더라도 앞에 무슨 내용이 있었는지 잘 생각나지 않는다. 장황하고 화려한 수식어 속을 헤매다 정작 중요한 의미를 놓쳐 버리고 만다. 미로 속을 걷는 느낌이다. 이쯤 되면 글을 쓴 사람은 자신의 뜻을 효과적으로 전달하겠다는 꿈을 접어야 한다. 독자가 둔하고 게을러 필자가 의도하는 바를 좇아오지 못한다고 비난할 일이 아니다. 두 번, 세 번 읽어야 비로소 내용을 파악할 수 있다면 그것은 쓴 사람의 책임이다.

국내 신문 기사의 한 문장 길이가 70자 안팎이라는 연구 결과가 나온 적이 있다. 요즘엔 이것도 길다는 지적이 나온다. 50자 안팎이 적당하다는 것이다.

문장을 길게 쓰는 것은 고질痼疾이다. 여간해선 잘 고쳐지지 않는다. 평소에 긴 문장을 두세 개로 나누는 연습을 하자. 불필요한 수식어를 없애는 것도 방법이다. 형용사 · 부사를 될 수 있으면 적게 쓰자.

예외 없는 법칙은 없는 법, 항상 짧은 문장이 읽는 사람을 편안하게 하는 것은 아니다.

■ 주인이 종을 부릅니다. 빚을 갚으라고 합니다. 엄청난 빚이었습니다. 종은 돈이 없었습니다. 엎드려 빌었죠. 주인은 종을 용서합니다. 그 애절함 때문이었죠.

음악의 스타카토를 연상시키는 글(신문 칼럼)이다. 간결한 반면 단조롭고 딱딱하다. 과유불급過猶不及이라는 말을 이럴 때 쓸 수 있다. 때로는 길게 때로는 짧게, 필요와 상황에 맞추는 것이 자연스럽다.

4

글은 흘러야 한다

간결함을 위해 지나치게 압축하면 문장이 딱딱해지고 리듬감이 없어진다.
물이 흐르듯, 글도 흘러야 자연스럽다.

앞에서 '짧을수록 명쾌하다'고 강조했다. 문장 길이를 짧게 하고 군더더기를 없애야 한다는 이야기다. 간결한 문장이라고 하면 언뜻 전보문이 떠오른다. '부친 사망 급래 요망'이라고 전보를 쳐도 받아 보는 사람이 무슨 뜻인지 금방 알아차린다.

보고서를 쓰거나 프레젠테이션을 할 때, 광고 문구를 만들 때는 이 같은 효율성이 여전히 중요하다. 그러나 일반적으로는 이런 표현을 가급적 삼가야 한다. 간결함을 위해서 지나치게 응축하면 문장이 딱딱해지고 뜻이 헛갈리기 쉽다. 굴비 두름 엮듯 명사나 명사구만 늘어놓으면 답답하고 이해하기 어렵다. 강물이 흐르듯, 글도 흘러야 자연스럽다.

① 옷 로비 사건 내사 결과 보고서 유출 수사가 막바지에 이른 가운데…

② 옷 로비 사건의 내사 결과 보고서가 유출된 데 대한 수사가 막바지에 이른 가운데…

①은 필자가 1999년에 쓴 글이다. 다시 볼 때마다 얼굴이 화끈 달아오른다. 명사가 줄줄이 나와 리듬감이 없고 읽는 맛이 떨어진다. 당시 선배 기자는 ②처럼 바꾸는 것이 좋다고 지적했다. 몇 글자를 바꿨을 뿐인데 훨씬 부드러워진다. 다음 문장도 정도의 차이가 있을 뿐, 딱딱하기는 마찬가지다.

■ 1997년의 외환위기는 경상수지 적자, 기업의 과중한 부채, 금융기관의 과중한 해외 차입, 극심한 노사분규, 정부의 오판, 정치권의 이전투구 등이 겹쳐진 것이 원인이었다.

➲ 1997년의 외환위기는 경상수지 적자와 기업의 과중한 부채, 금융기관의 과중한 해외 차입이 원인이었다. 여기에 극심한 노사분규, 정부의 오판, 정치권의 이전투구가 겹쳐졌다.

■ 법무부 장관은 국제적 기준에 맞는 관련 법령 정비와 실효성 있는 피해자 지원 방안 강구를 약속했다.

➲ 법무부 장관은 국제적 기준에 맞게 관련 법령을 정비하고 실효성 있게 피해자를 지원하는 방안을 강구하겠다고 약속했다.

■ 태안 주민들의 생활 터전 회복을 위해 최선을 다할 것이다.

➲ 태안 주민들의 생활 터전을 회복하기 위해 최선을 다할 것이다.

■ 남북협력기금 낭비 방지 및 지원 자재 무단전용 방지 대책을 마련하도록 통일부 장관에게 요구했다.

➲ 남북협력기금 낭비를 방지하고 지원 자재를 무단으로 전용하는 것을 방지하는 대책을 마련하도록 통일부 장관에게 요구했다.

명사 사이에 조사 '의'를 넣는 경우가 많지만 이것도 번역투 문장이 되어 자연스럽지 않게 느껴진다. 이럴 때는 서술

형으로 풀어 써 주면 된다.

■ 보장성 보험의 은행 창구 판매를 허용하는…

➲ 보장성 보험을 은행 창구에서 판매하도록 허용하는…

■ 갈비도 한우 산지 가격의 하락 추세에 영향을 받고 있다.

➲ 갈비도 한우 산지 가격이 하락하는 추세에 영향을 받고 있다.

Q 다음 문장을 자연스럽게 고치시오.

1. 양주시는 서울로 20km가량 우회해야 하는 불편 해소를 위해 1992년 이후 줄기차게 자동차 도로 개통 사업을 추진해 왔다.
2. 김 전 회장이 해외에서 사업 감각 회복에 주력할 것으로 알려졌다.
3. 무분별한 타월 사용과 소모품 사용은 자제하여 주십시오.

A

1. 양주시는 서울로 20km가량 우회해야 하는 불편을 해소하기 위해 1992년 이후 줄기차게 자동차 도로를 개통하는 사업을 추진해 왔다.
2. 김 전 회장이 해외에서 사업 감각을 회복하는 데 주력할 것으로 알려졌다.
3. 타월과 소모품을 무분별하게 사용하는 것을 자제하여 주십시오.

5

압축도 좋지만 풀어 쓰자

명사나 명사형을 나열하기보다
동사와 부사 중심으로 풀어 쓰면 문장이 매끄러워진다.

문장을 읽다 보면 왠지 어색한 느낌이 들 때가 있다. 뭔가 잘못된 것 같긴 한데 그렇다고 꼭 집어 흠을 찾아내기도 쉽지 않다. 간결하게 쓰는 것에 집착하거나 영어식 문장에 빠져 있는 사람이 쓴 글을 마주할 때 이런 경우가 많다. 관심을 갖고 살펴보면 신문 · 잡지에도 이런 글이 수두룩하다. 글을 쓴 사람도 뭐가 문제인지 잘 의식하지 못한다.

좋은 글의 요건에는 여러 가지가 있겠지만 간결하고 자연스러워야 한다는 데는 이론이 없을 것이다. 그렇다고 간결하게 쓰기 위해 명사만 나열하거나 명사형을 남용하다 보면 글이 딱딱해지고 자연스러움을 잃게 된다. 이럴 때는 부사와

동사 중심으로 풀어 쓰는 것이 해결책이다.

① 인위적인 주가 조작을 하는 세력이…
② 인위적으로 주가를 조작하는 세력이…

③ 신속하고 충분한 보상이 이뤄지지 않은 데 대해…
④ 신속하고 충분하게 보상받지 못한 데 대해…

눈치 빠른 독자는 ①, ③보다 ②, ④가 부드럽다는 것을 발견했을 것이다. 풀어 쓴다고 해서 글자 수가 그리 늘어나는 것도 아니다. '수식어+명사형+을(를) 하다'보다는 '부사어+동사' 형태가 더 우리말답다. 위의 공식에 딱 들어맞지는 않지만 부사어를 잘 활용하면 문장이 훨씬 더 매끄러워진다는 것을 아래 예문에서도 확인할 수 있다.

■ 출산 장려를 위한 다양한 시책 추진에 160억 원을 투입한다.

➲ 출산을 장려하기 위한 다양한 시책을 추진하는 데 160억 원을 투입한다.

■ 성수품 가격이 전반적인 안정세를 보이고 있다.

➲ 성수품 가격이 전반적으로 안정세를 보이고 있다.

■ 이 회사는 매출 신장을 위한 다각적인 노력을 쏟고 있다.

➲ 이 회사는 매출 신장을 위해 다각적으로 노력하고 있다.

■ 디지털 콘텐트 유통 사업을 통해 지속적인 수익 다각화를 실현해 나갈 것이다.

➲ 디지털 콘텐트 유통 사업을 통해 지속적으로 수익 다각화를 실현해 나갈 것이다.

'수식어+명사형' 뒤에 서술어를 잘못 쓰면 번역문 냄새가 풀풀 난다. 특히 '~이 이루어지다' '~을 가지다' '~을 필요로 하다'가 따라올 때가 그렇다.

■ 발상의 전환을 필요로 하다.

➲ 발상 전환이 필요하다.

■ 더 많은 시장왜곡을 가져올 수 있다.

◐ 시장을 더 왜곡할 수 있다.

Q 다음 문장을 자연스럽게 고치시오.

1. 한국과 미국은 차관급 전략 대화를 개최해 양국 현안은 물론 동북아 지역 정세에 대해 심도 있는 의견 교환을 했다.
2. 제주도 연안 공동어장에서 조업하는 해녀와의 마찰과 어족 자원 보호를 위해 스킨 스쿠버 다이버들의 어류 포획을 금지 했다.

A

1. 한국과 미국은 차관급 전략 대화를 개최해 양국 현안은 물론 동북아 지역 정세에 대해 심도 있게 의견을 교환했다.
2. 제주도 연안 공동어장에서 조업하는 해녀와의 마찰을 피하고 어족 자원을 보호하기 위해 스킨 스쿠버 다이버들의 어류 포획을 금지했다.

6

숫자는 말썽꾸러기

숫자가 틀리면 글을 쓴 사람을 제외하고는 잘못을 찾아내기가 쉽지 않다.
자신 없으면 숫자를 쓰지 않는 것이 좋다.
꼭 써야 할 경우에는 거듭 확인해야 한다.

별종이 아니라면 수학 교과서에 나오는 숫자를 보며 머리가 아팠던 기억을 갖고 있을 것이다. 대중적인 글쓰기에서도 숫자가 너무 많이 나오면 독자의 뇌세포는 꼬이게 마련이다. 글의 내용을 구체적으로 뒷받침하거나 명확하게 하기 위해 쓴 숫자가 오히려 독자를 혼란에 빠뜨린다.

문장 표현이 조금 어색하거나 잘못되더라도 그것은 큰 문제가 되지 않는다. 읽는 사람이 전후 문맥을 살펴 필자의 뜻을 헤아릴 수 있기 때문이다. 그러나 숫자의 경우 사정이 달라진다. 국가 예산이나 대기업 매출액을 기록할 때 0을 한 개 뺐다고 생각해 보라. 전혀 다른 차원의 내용이 된다. 단위가 틀리는 것은 그렇다 치더라도 중간에 있는 숫자가 틀리면 글을 쓴 사람을 제외하고는 잘못을 찾아내기란 거의 불가능하다.

이런 오류를 막는 방법은 두 가지다. 하나는 가급적 숫자를 쓰지 않는 것이다. 초보 글쟁이일수록 숫자를 나열하려는 강박감을 갖기 쉽다. 반드시 써야 한다면 거듭 확인하는 게 둘째 방법이다. 숫자에 뇌세포를 온통 집중해야 한다. 숫자와 관련된 표현도 조심해야 한다. 특히 '두 배' '세 배' 같은 배수倍數만 나오면 헛갈리는 사람이 많다. '몇 kg 늘었다' 또는 '몇 % 늘었다' 고 할 때는 잘 계산하다가도 말이다. '배수의 덫' 이라고 할까.

〈문제1〉 어느 학과의 지원자가 지난해는 50명, 올해는 150명이다. 지원자의 증가율은 얼마일까.

정답: 200%($\frac{100}{50}\times100$)

〈문제2〉 어느 학과에 지난해 50명, 올해 150명이 지원했다.

올해 지원자는 '몇 배 늘었나?' '몇 배가 됐나?' '몇 배로 늘었나?'

정답: '두 배 늘었다.' '세 배가 됐다.' '세 배로 늘었다.'

배는 '어떤 수량을 앞의 수만큼 거듭해 합한 수량'이란 뜻이다. '늘다, 불어나다, 오르다' 등과 어울려 수량의 변화를 비교할 때 쓰인다. 다음 예문을 보자.

■ 작년 이맘 때 1배럴당 70달러이던 석유 값이 불과 1년 사이에 두 배 이상 뛰었다. 일주일 전만 해도 140달러이던 석유 값이 이제는 150달러에 근접하고 있다.

2008년 7월 한승수 국무총리가 낭독한 '초고유가 대응 에너지 절약 대책 발표문'의 일부다. 70달러에서 150달러가 됐다면 1.1배 증가한 것이다. 따라서 '두 배 이상이 되었다' '두 배 이상으로 뛰었다'가 옳다. 토씨를 살짝 바꿔 바로잡으면 된다.

■ 전자발찌는 미국의 44개주에서 시행 중이다. 가장 먼저 도입해 10년째 시행 중인 플로리다주의 경우 재범률이 2배 이상 감소했다.

■ 삼성의 홈구장인 대구 구장은 만원이 1만 2,000석. 롯데의 사직 구장에 비해 3배가량 적은 수치다.

위의 두 문장에서 '2배 이상 감소했다' '3배가량 적은 수치다' 표현은 어색하다. '절반 이하로 줄었다' '3분의 1에 불과하다'로 고치는 것이 마땅하다.

Q 다음 문장을 바르게 고치시오.

1. 여대생의 경우 휴학생이 2000년 6만 1,910명에서 지난해 11만 2,325명으로 두 배 가까이 증가했다.
2. 신상우 KBO 총재는 "가입금은 얼마 전 현대 인수에 나섰던 KT가 제시했던 60억 원보다 두 배 많은 120억 원"이라고 발표했다.
3. 지난해 200억 원이던 모바일 쇼핑 시장의 규모가 올해는 2,000억 원으로, 10배 증가할 것으로 예상된다.

A

1. 여대생의 경우 휴학생이 2000년 6만 1,910명에서 지난해 11만 2,325명으로 두 배 가까이로 증가했다.
2. 신상우 KBO 총재는 "가입금은 얼마 전 현대 인수에 나섰던 KT가 제시했던 60억 원의 두 배인 120억 원"이라고 발표했다.
3. 지난해 200억 원이던 모바일 쇼핑 시장의 규모가 올해는 2,000억 원으로, 9배 증가할 것으로 예상된다.

7

과반수와 절반

과반수는 '반을 넘는 수'이기 때문에 '이상'과 함께 쓸 수 없다.
%는 비율을 나타낼 때, %포인트는 %단위끼리 비교할 때 사용한다.

숫자를 쓸 때 거듭 확인해야 한다는 점을 앞에서 강조했다. 숫자와 관련된 얘기를 마저 해보자.

■ 공정성 문제가 나올까 봐 안건 모두를 위원 과반수 이상의 찬성으로 결정했다.

➲ 공정성 문제가 나올까 봐 안건 모두를 위원 과반수의 찬성으로 결정했다.

여기서 '과반수 이상'은 잘못이다. 과반수는 '반을 넘는 수'를 뜻하기 때문에 '이상'과 같이 쓸 수 없다. 아래 예문도 마찬가지다.

■ 이사회에서 과반수 이상의 찬성을 얻어야 한다.

➲ 이사회에서 과반수의 찬성을 얻어야 한다.

이 대목에서 '과반수'와 '절반(2분의 1) 이상'의 차이점을 알아보자. 이사회 구성원이 20명이라면 과반수는 최소 11명이고, 절반 이상은 최소 10명이다. 물론 이사회 구성원이 21명이라면 과반수나 절반 이상은 최소 11명으로 같다.

%와 %포인트도 구별해야 한다. 정당 또는 후보자의 지지율이나 펀드의 수익률을 나타낼 때 한 문장에서 두 단위가 함께 나올 정도로 자주 쓰이는 표현이다. %는 비율 또는 변화의 정도를 나타낼 때 사용한다. 기준을 100으로 할 때 비교대상이 얼마냐를 따지는 것이다. 은행의 순이익이 2006년 13

조 5,000억 원에서 2007년 15조 원으로 증가했다면 증가율은 약 11%다. 은행의 수입 41조 원 중 이자수입이 31조 원, 비이자수입이 10조 원이라면 이자수입의 비율은 75%다.

%포인트는 %단위끼리 비교할 때 사용한다. 예를 들어 여론조사에서 정당의 지지율이 1월에 30%이던 것이 2월에 20%라면 "한 달 만에 10%포인트 떨어졌다"고 쓴다. 만일 여기서 10% 떨어졌다고 하면 어떻게 될까. 30%의 10%인 3%가 떨어졌다는 뜻이 되므로 의미가 완전히 달라진다.

학자금 대출금리가 지난해 6.6%에서 올해 7.6%로 높아졌을 때는 "1.0%포인트가 올랐다"고 표현한다. 실제 상승폭을 따지면 6.6%의 15%가 오른 것이다. 이처럼 숫자와 관련된 표현은 잠시만 딴생각을 하면 틀리기 일쑤다. 다음 예문을 보며 %와 %포인트의 차이를 확실하게 알아 두자.

- 법원에 따르면 합의부 가사사건 182건 가운데 74.7%인 136건이 조정을 통한 화해로 해결됐다. 이는 2006년 같은 기간 30.9%(139건 중 43건)의 조정 화해율에 비해 43.8%포인트 높아진 것이다.

Q 다음 문장에서 틀린 곳을 고치시오.

1. 우리나라 전체 공무원 중 여성이 차지하는 비율은 40.6%로 2003년의 34.2%와 대비할 때 6.4% 증가했다.

2. 여론조사에서 A후보는 30.5%에서 36.3%로 지지율이 올라갔고, B후보는 47.8%에서 42.8%로 떨어지면서 두 사람 간 격차가 6~7%로 좁혀졌다.

A

1. 우리나라 전체 공무원 중 여성이 차지하는 비율은 40.6%로 2003년의 34.2%와 대비할 때 6.4%포인트 증가했다.

2. 여론조사에서 A후보는 30.5%에서 36.3%로 지지율이 올라갔고, B후보는 47.8%에서 42.8%로 떨어지면서 두 사람 간 격차가 6~7%포인트로 좁혀졌다.

8

피동형은 '소심한 애인'

피동형은 사물이 주어이거나 동작 · 행위에 초점을 맞출 때,
주어를 숨기고 싶을 때 유용하다.
그러나 힘이 없어 보이고 부자연스러운 때가 많다.

중학교 영어 시간에 능동태 문장을 수동태로 바꾸는 방법을 배우느라 꽤나 고생했다. 능동태의 목적어가 수동태의 주어가 되고, 동사는 be동사+과거분사로 바뀌고…. 반면 국어 시간에 능동태와 수동태를 특별히 공부한 기억은 없다. 우리말은 능동형 중심이어서 문법적으로 그런 구분 자체가 없기 때문이다. 다만 영어의 be동사+과거분사 역할을 하는 피동형이 있다.

- 태안 기름 오염 지역에서는 수산물의 생산 · 출하가 엄격히 통제되고 있다.
- 돈의문은 태조 5년인 1396년 도성 서쪽의 대문으로 창건되었으며, 흔히 서대문이라 불린다.

위의 예문에서처럼 피동형은 사물이 주어이거나 동작 · 행위에 초점을 맞춰 쓸 때 유용하다. 주어를 알 수 없거나 의도적으로 드러내지 않고자 할 때도 편리하다. 조심스럽게 표현할 때도 피동형을 사용한다.

약점도 없지 않다. 다음 문장을 보자.

■ 수출 100억 달러 달성의 주역인 수출 유공업체 35곳에 대해 정부 포상이 주어졌다.

◐ 정부가 수출 100억 달러 달성의 주역인 유공업체 35곳을 포상했다.

피동형(포상이 주어졌다)은 능동형보다 힘이 없어 보이고 부자연스러울 때가 많다. 일반적으로 능동형은 문장이 짧고 정확하며 누가 무얼 했는지 분명하다. 문장에 자신감이 넘친다.

■ 2007년 여야 합의에 의해 사학법이 재개정됐다고는 하나 어디까지나 정치 논리에 의한 임시 방편이었을 뿐이다.

◐ 2007년 여야 합의로 사학법을 재개정했다고는 하나 어디까지나 정치 논리에 의한 임시 방편이었을 뿐이다.

위의 예문은 '~에 의해 ~되다'라는 형태로, 영어의 수동태 문장을 우리말로 옮겨 놓은 듯하다.

"명료함과 활력에서 능동 동사와 수동 동사의 차이는 삶과

죽음의 차이만큼이나 크다." (윌리엄 진서의 『글쓰기 생각쓰기』에서) "작가들이 수동태를 좋아하는 까닭은 소심한 사람들이 수동적인 애인을 좋아하는 까닭과 마찬가지다." (스티븐 킹의 『유혹하는 글쓰기』에서)

이런 주장을 우리글에 적용해도 무리가 없을 듯하다. 가급적 능동형으로 문장에 활기를 불어넣자. 아래 용례는 우리가 자주 쓰는 피동형이다.

- ~되어야 할 것으로 보인다 → ~해야 한다
- 신중한 선택이 요구된다 → 신중하게 선택해야 한다
- 물의가 빚어지다 → 물의를 빚다
- 정책이 수립되어야 한다 → 정책을 수립해야 한다

Q 다음 문장을 자연스럽게 고치시오.

1. 비싼 즙 기계를 암 환자들 대부분이 사용하고 있다는 점에서 신중한 선택이 요구된다.
2. 낙후된 주거환경 개선이라는 본래 목적에 맞게 재개발 정책이 다시 수립되어야 한다.

A

1. 비싼 즙 기계를 암 환자들 대부분이 사용하고 있다는 점에서 신중하게 선택해야 한다.
2. 낙후된 주거환경 개선이라는 본래 목적에 맞게 재개발 정책을 다시 수립해야 한다.

9
시키지 말고 하자

'-시키다' 형의 문장에는 주어 이외에 실제로 행위를 하는 주체가 있어야 한다. 자기가 직접 행동하는 것이 아니라 남에게 행동을 하도록 하는 것이다.

번거롭고 귀찮은 일은 몸소 하기보다 다른 사람에게 시키고 싶은 것이 인지상정이다. 나이가 들고 몸이 고달플수록, 직급이 올라갈수록 그 정도가 심해진다. 이런 생각이 은연중 반영된 것일까? 문장에서도 '-시키다' 가 자주 등장한다.

■ 천연자원이 빈약한 한국이 어떻게 대처해야 하는가. 자금을 집중시켜야 한다.

➲ 천연자원이 빈약한 한국이 어떻게 대처해야 하는가. 자금을 집중해야 한다.

■ 민주당이 통일 · 환경부 장관의 사퇴를 관철시키기 위해 국무총리 후보자의 인준동의안 처리를 미뤘다.

◎ 민주당이 통일 · 환경부 장관의 사퇴를 관철하기 위해 국무총리 후보자의 인준동의안 처리를 미뤘다.

■ 커뮤니케이션의 목표는 자신이 전달하려는 메시지를 정확하게 표현해서 상대방을 설득시키는 것이다.

◎ 커뮤니케이션의 목표는 자신이 전달하려는 메시지를 정확하게 표현해서 상대방을 설득하는 것이다.

접미사 '-시키다'는 어떤 명사 밑에 붙어 '(남으로 하여금) ~하게 하다'는 뜻을 나타낸다. 자기가 직접 행동하는 것이 아니라 남에게 행동을 하도록 하는 것이다. 따라서 '-시키다' 형의 문장에는 주어 이외에 실제로 행위를 하는 다른 주체가

있어야 한다.

일상생활에서 '-하다'면 충분할 자리에 '-시키다'를 쓰는 경우가 많다. 본인이 어렵게 주차한 뒤 "주차시키느라 힘들었다"고 흔히 말한다. 글자 그대로 해석하면 '다른 사람에게 시켜 주차하는 것이 힘들었다'는 뜻이다. 대신 주차한 사람이 운전에 미숙했거나, 아무도 주차를 대신 해 주겠다고 나서지 않아 사람을 구하는 데 애를 먹었을 때 쓸 수 있다. 취지대로라면 "주차하느라 힘들었다"가 올바른 표현이다.

엄마가 아이를 혼내면서 하는 말 "거짓말시키지 마"도 마찬가지다. 글자 뜻으로는 '내가 거짓말을 하게 하지 마'가 된다. 거짓말의 주체가 아이가 아니라 엄마가 되는 것이다.

'-시키다'를 바르게 사용한 예문을 보자.

- 이제 아이들을 결혼시킬 나이가 됐어.
- 논 팔고 소 팔아서 자식 공부시키던 시절이 있었다.
- 인종 편견과 차별이 심한 미국 사회에서 흑인 대통령의 탄생은 생각만으로도 여러 사람을 흥분시키기에 충분하다.

'-시키다'가 붙은 말 중에서 잘못 쓰기 쉬운 단어가 의외로 많다.

개선시키다, 격추시키다, 금지시키다, 불식시키다, 압축시키다, 연결시키다, 연장시키다, 유출시키다, 전파시키다, 접목시키다, 접수시키다, 제외시키다, 차단시키다, 척결시키다, 폐지시키다

Q 다음 문장을 자연스럽게 고치시오.

1. 학생은 자신의 재능이 무엇인지 진지하게 고민하고 이를 실현시키기 위해 가장 좋은 환경을 제공할 수 있는 대학을 찾아야 한다.
2. 제2차 세계대전 당시 동부 전선 상공에서 적 항공기를 많이 격추시키기로 유명한 독일 공군의 에이스는 무엇입니까?

A

1. 학생은 자신의 재능이 무엇인지 진지하게 고민하고 이를 실현하는 데 가장 좋은 환경을 제공할 수 있는 대학을 찾아야 한다.
2. 제2차 세계대전 당시 동부 전선 상공에서 적 항공기를 많이 격추한 것으로 유명한 독일 공군의 에이스는 무엇입니까?

10
파견근무가 이루어졌다니?

'이루어지다'는 '성사되다, 구성되다'의 뜻으로 사용해야 한다.
'이루는' 것과 어울리지 않는 말과 함께 사용하면 어색하다.

신문사의 선배 기자가 "왜 이런 것은 안 쓰느냐"며 퉁을 놓는다. 가능하면 피동형을 피하고, 남에게 행동을 하도록 하는 접미사 '-시키다'를 쓸 때는 조심해야 한다는 내용이 나간 뒤다. 말씀인즉 '-어지다' 유類의 문장을 자제해야 한다는 것이다. 자연스럽지 못한 피동형이라는 지적이다.

먼저 예로 든 것이 '이루어지다'다. '이루어지다'는 '이루다'의 피동형이지만 널리 쓰이기 때문에 사전에도 올라 있다. '성사되다' '구성되다'라는 의미의 자동사다. '뜻이 이루어지다' '물은 산소와 수소로 이루어진다'처럼 사용한다. 그러나 '이루는' 것과 어울리지 않는 말을 함께 사용하는 경우가 많다.

■ 참여정부 기간에는 서울시 공무원들의 청와대 파견근무가 전혀 이뤄지지 않았다.

➲ 참여정부 기간에는 서울시 공무원들의 청와대 파견근무가 전혀 없었다.

■ 성매매가 이루어질 우려가 있다고 인정되는 장소나 지역의 출입이 금지된다.

➲ 성매매를 할 우려가 있다고 인정되는 장소나 지역의 출입이 금지된다.

■ 조직개편이 이루어질 경우 차관이 장관이 될 가능성이 크다.

➲ 조직을 개편할 경우 차관이 장관이 될 가능성이 크다.

■ 학교 교육과정은 제한된 시간에 제한된 과목을 배정해야 하는 일종의 제로섬 게임이기 때문에 수학의 비중이 늘어나면 어느 과목인가에서는 축소가 이루어져야 한다.

➲ 학교 교육과정은 제한된 시간에 제한된 과목을 배정해야 하는 일종의 제로섬 게임이기 때문에 수학의 비중이 늘어나면 어느 과목은 축소되어야 한다.

예문을 언뜻 봐서는 뭐가 잘못됐는지 눈치 채기 어렵다. 그러나 수정한 것을 보면 원래의 문장이 어색하다는 것을 알 수 있다. '이루어지다' 가 적절한지 알아볼 수 있는 간단한 요령 한 가지. 능동형으로 바꿔 보는 것이다. '꿈이 이루어지다(→ 꿈을 이루다)' 는 자연스러우니 괜찮다. 반면 '공급이 이루어지다(→ 공급을 이루다)' 는 어색하다.

'주어지다' 도 피해야 할 대상이다.

■ 아파트 입주 자격은 ~인 사람에게 주어지며 10년 임대는 ~인 사람에게 주어진다.

⊃ 아파트 입주 자격은 ~인 사람에게 주며 10년 임대는 ~인 사람에게 준다.

■ 퇴출 대상 교수들에게는 1개월의 유예기간이 주어진다.

⊃ 퇴출 대상 교수들에게는 1개월의 유예기간을 준다.

■ 적절한 계기만 주어지면 잘 할 수 있다.

⊃ 적절한 계기만 있으면 잘 할 수 있다.

'주어지다' 는 문맥에 따라 '받다, 얻다, 맡다, 오다, 있다, 정하다, 생기다, 맞다' 등으로 바꿔 쓸 수 있다. '보여지다, 모아지다, 길들여지다, 내려지다, 불려지다, 모셔지다, 보내지다' 등을 쓸 때도 조심해야 한다.

Q | 다음 문장을 자연스럽게 고치시오.

1. 감사원은 쌀 직불금 수령자 명단 제출 시 개인의 사생활 침해가 이루어지지 않도록 국회에 협조요청할 예정이다.
2. 스포츠클럽 회원에게는 시설 이용 시 할인된 금액을 적용받을 수 있는 특전이 주어진다.

A

1. 감사원은 쌀 직불금 수령자 명단 제출 시 개인 사생활이 침해되지 않도록 국회에 협조를 요청할 예정이다.
2. 스포츠클럽 회원은 시설 이용 시 할인된 금액을 적용받을 수 있는 특전이 있다.

11
어제 밥을 먹었었다고?

단순히 과거 사건을 표현할 때는 과거 시제로 충분하다.
대과거는 과거와 상황이 달라졌음을 함축한다.

기자 초년병 시절 과거 시제의 문장을 쓸 때마다 스트레스를 받았다. 예를 들어 '했다' '갔다'로 문장을 마치면 데스크는 어김없이 '했었다' '갔었다'로 고쳐 출고出稿한 때문이다. 데스크는 선어말어미('-었-') 하나를 보태 문장을 힘 있게 바꿨다. 하지만 고쳐진 문장이 부자연스럽게 느껴졌던 것도 사실이다. 책이나 신문에서 '~했었다' 식의 문장을 만날 때면 십 수 년 전의 일이 어제 일처럼 선명하게 되살아난다.

① 밥을 먹었다.

② 밥을 먹었었다.

③ A씨는 아들의 성이 현재 남편의 성과 달라 애태웠다.

④ A씨는 아들의 성이 현재 남편의 성과 달라 애태웠었다.

우리말에서 과거 시제를 표현할 때는 예문 ①, ③처럼 어미 '-았/었-'을 사용하는 것이 일반적이다. '-았었/었었-'은 과거보다 먼저 일어난 사건, 이른바 '대과거'를 나타낼 때 사용하는 표현이다. 일반적인 경우에까지 ②처럼 쓰는 것은 군더더기다. 단순한 과거 시제로 나타내면 충분하다. 강조하고 싶으면 '아까'나 '한참 전에' 같은 부사어를 넣으면 된다. '아까 밥을 먹었다' '한참 전에 먹었다' 정도면 족하다.

우리말에도 대과거나 과거완료가 있다. 드물지만 중세 국어에도 나타난다. 다만 영문법과 달리 많이 사용되지 않을 뿐이다. 예컨대 "내가 그의 집에 도착했을 때 그는 이미 떠났었다" 대신 "…그는 이미 떠나고 없었다"와 같이 '없다'라는 동사를 보태 완료의 뜻을 나타내는 식이다. 아껴 써야 할 것을 마구 쓰니 '우리말이 번역어투에 오염됐다'는 말이 나온다.

'-았었/었었-'이 반드시 들어가야 하는 경우도 있다. 예문 ④에서처럼 앞뒤의 상황이 특정한 사건을 계기로 분명하게 단절될 때다. 예문 ③은 단순히 과거의 행위에만 초점을 맞추고, 그 이후의 상황에 대해서는 중립적이다. A씨는 예전에 애를 태웠다가 지금은 마음이 편해졌을 수도 있고, 아직 같은 문제로 고민하고 있을 수도 있다. 이에 비해 예문 ④는 제도 변경이나 심경 변화 등으로, 사건이 완결됐음을 함축한다. 결과적으로 A씨는 더 이상 애태우고 있지 않다. 미묘한 말맛을 살리는 과거완료를 귀하게 대접하자.

Q 다음 문장을 자연스럽게 고치시오.

1. 김 씨는 재판 결과에 불만을 품고 판사에게 석궁을 발사해 아랫배를 다치게 한 혐의로 기소돼 1심에서 징역 4년이 선고된 뒤 항소했었다.
2. 봄방학 때 아이를 한번 더 데려오라고 의사가 말했었다.

A

1. 김 씨는 재판 결과에 불만을 품고 판사에게 석궁을 발사해 아랫배를 다치게 한 혐의로 기소돼 1심에서 징역 4년이 선고된 뒤 항소했다.
2. 봄방학 때 아이를 한번 더 데려오라고 의사가 말했다.

12
현재진행형 남발하면 안 돼

현재진행형은 어떤 일이 계속되고 있는 상황을 알려 준다.
문장에 긴장감을 불어넣으면서 싱싱하게 보이도록 한다.
그러나 많으면 지루해진다.

시제時制와 관련된 이야기를 하나 더 하자. 글의 성격에 따라 차이가 있을 수 있지만 일반적으로 싱싱하고 박진감 넘치는 문장이 좋다. 그런데 문장에 힘을 넣자니 단순한 현재 시제로는 부족하다는 생각이 들 때가 있다. 이런 '2% 부족 현상'을 해소하는 간단한 방법이 현재진행형으로 만드는 것이다. '~고 있다'를 사용해 동작이 진행 중인 것으로 표현하는 방법이다. 특히 사건이 벌어지고 있는 현장에서 글을 쓸 때 이런 표현 방식은 문장에 긴장감을 불어넣으면서 싱싱하게 보이도록 한다.

① 술을 마신다.
② 술을 마시고 있다.

③ 지금 전동차가 역에 들어옵니다.
④ 지금 전동차가 역에 들어오고 있습니다.

예문 ②처럼 현재진행형은 어떤 일이 계속되고 있는 상황을 알려 준다. 생동감이 느껴진다. 예문 ④처럼 정중하거나 완곡한 느낌을 줄 때도 효과적이다. 그러나 최근에는 현재형으로 표현해도 충분한 것을 굳이 '~고 있다'로 나타내는 경우가 많다. 우리말이 번역어투에 오염됐다는 지적을 받는 이유 중 하나다. 우리말의 진행상進行相은 중세 때부터 사용해 온 것인데도 과용해서 그렇다. 이렇게 되면 읽는 사람이 부담스럽다. 다음 예문을 보자.

■ 마들여성학교는 이처럼 배움의 기회를 놓친 여성들에게 교육의 기회를 제공하고 있다. (중략) 교무실마저 교실로 만들고 좁은 복도 공간을 활용해 교무실로 사용하고 있다. 현재 18명의 교사와 130여 명의 학생들이 공부하고 있다.

보다시피 모든 문장이 '~고 있다'로 끝난다. 첫째 문장은

그대로 두더라도 나머지는 '…좁은 복도 공간을 교무실로 바꾸었다' '…학생이 재학 중이다'로 바꾸면 어떨까? 특히 셋째 문장에서 '공부하고 있다'는 표현은 실제 공부하는 동작의 진행 상황이라기보다 재학 중이라는 의미에 가깝다.

동사를 다양하게 구사해 글을 다채롭게 하는 것도 미덕이다. 현재진행형이 박진감 있게 보여도 지나치면 지루해질 수 있다는 걸 기억하자.

Q 다음 문장을 자연스럽게 고치시오.

1. 2010학년도 입시부터는 영어 시험의 변별력이 더욱 떨어질 것으로 예상되고 있다.
2. 개성이 강한 내조의 달인들이 남편들과의 사랑, 갈등을 어떻게 그려낼지 방영을 앞두고 시청자들의 관심이 주목되고 있다.

A

1. 2010학년도 입시부터는 영어 시험의 변별력이 더욱 떨어질 것으로 예상된다.
2. 개성이 강한 내조의 달인들이 남편들과의 사랑, 갈등을 어떻게 그려낼지 방영을 앞두고 시청자들의 관심이 주목된다.

13
많이 '가지면' 탈이 난다

영어 have 동사의 영향 때문인지 '가지다'를 남용한다.
'가지다' 대신에 '하다, 열다' 등으로 다양하게 바꾸면 글이 풍요로워진다.

철학자 에리히 프롬은 저서 『소유냐 존재냐』에서 인간의 존재 양식을 두 가지로 구별했다. 하나는 재산, 지식, 사회적 지위, 권력을 소유하는 것에 전념하는 실존 양식이고 다른 하나는 자기 능력을 능동적으로 발휘하며 삶의 희열을 확신하는 실존 양식이다.

안타깝게도 대부분의 사람은 소유에 집착하는 듯하다. 가수 김장훈 씨처럼 10년 동안 40억 원을 기부하고 본인은 월세 아파트에 사는 경우는 드물다. 존재보다 소유를 중시하는 까닭일까. 글쓰기에서도 이 같은 심중이 은연중에 드러난다. 어지간한 동사를 '가지다(갖다)'로 대신하려는 습관 말이다.

■ 캠프 데이비드에서 1박2일을 함께하며 회담을 갖는 것은 미 대통령이 특별한 친밀감을 표시하고 싶을 때 택하는 회담 방식이다.

➲ 캠프 데이비드에서 1박2일을 함께하며 회담을 하는 것은 미 대통령이 특별한 친밀감을 표시하고 싶을 때 택하는 회담 방식이다.

■ 이승엽은 일본으로 출국 전 인터뷰를 갖고 베이징 올림픽에서 느낀 소감, 앞으로의 전망 등을 소탈하게 털어놓았다.

➲ 이승엽은 일본으로 출국 전 인터뷰를 하고 베이징 올림픽에서 느낀 소감, 앞으로의 전망 등을 소탈하게 털어놓았다.

■ 한나라당이 대구 · 경북에서 필승 결의대회를 갖는다.

➲ 한나라당이 대구 · 경북에서 필승 결의대회를 연다.

■ 경기도 가평소방서가 5일 개서식을 갖고…

➲ 경기도 가평소방서가 5일 개서식을 열고…

■ 이는 사실상 업무를 정지시키는 효과를 갖는다.

➲ 이는 사실상 업무를 정지시키는 효과가 있다.

예문에서처럼 '가지다' '갖다'가 난무한다. 취임식 · 회의 · 회담 · 회동은 물론 수여식 · 개소식에도 '갖다'를 사용한다. 영어 have 동사의 활용에서 영향을 받은 때문으로 풀이된다. have는 '가지다'는 뜻 이외에도 '(안경을) 끼다' '(애완동물을) 기르다' '식사하다' '마시다' '시간을 보내다' '개최하다' '경험하다' 등 다양한 뜻을 갖고 있다.

이에 반해 우리말의 타동사 '가지다'는 원래 '손에 쥐거나 잡다' '몸이나 마음에 지니다' '소유하다' '유지하다' '아이를 배다'는 뜻으로 활용된다. '~을(를) 가지고' 꼴로 쓸 때는 수단·기구를 의미한다. '행하다' '치르다'는 뜻도 있긴 하지만 자연스럽지 않다. 최근 국립국어원이 펴낸 『표준국어대사전』에 '모임을 치르다'라는 의미가 '가지다'의 넷째 뜻으로 올라 있긴 하다. 그렇더라도 되도록이면 '하다' '열다' '있다'를 활용하자. '한계/ 의미/ 경험/ 기능/ 권한/ 의무' 따위도 대부분 '가지다' 대신에 '있다'를 쓰면 된다. 다양한 동사에 기회를 줄수록 글이 풍요로워진다.

Q 다음 문장을 자연스럽게 고치시오.

1. 경기도가 카자흐스탄 알마티주와 우호협력 합의서 체결식을 가졌다.
2. 창원시장이 지난해 경남 지역 외국인 노동자들과 간담회를 갖고 경남이주민사회센터의 개소를 약속했으며 지난 1일 완공해 이날 개소식을 갖게 됐다.

A

1. 경기도가 카자흐스탄 알마티주와 우호협력 합의서 체결식을 했다.
2. 창원시장이 지난해 경남 지역 외국인 노동자들과 간담회를 하고 경남이주민사회센터의 개소를 약속했으며 지난 1일 완공해 이날 개소식을 열었다

14
받을 때도 조심해서 받자

'주다' '내주다'의 뜻이 있는 명사에 '-받다'가 붙는 경우, 예를 들어 '발급받다, 수여받다' 등은 '받다'로 충분하다.

사람들이 존재보다 소유를 중시하는 것 같다고 앞에서 얘기했다. 실제로 사람들은 받는 것을 좋아한다. 나중에 어떻게 되더라도 일단 받고 보자는 사람이 많다. 그러나 많이, 오랫동안 받으면 언젠가는 탈이 나게 마련이다. 선거판에서 밥 한 그릇 얻어먹고 50배의 과태료를 무는 일도 있다. 문장에서도 '받다'를 애용한다. 단독으로 쓰이는 동사 '받다'의 쓰임새는 그다지 어렵지 않다.

- 대통령이 중장 진급 및 보직자들로부터 신고를 받은 뒤 악수하고 있다.
- 신임 한미연합사령부 부사령관과 버웰 벨 연합사령관이 부대를 사열하고 있다.

예문에서 보듯이 신고를 '받고'가 옳은 표현이다. 그러나 '사열을 받다'라고 할 때는 조심해야 한다. 사열을 받는 쪽은 부대나 의장대다. 지휘관이 주어가 될 때는 '사열을 하다'가 맞다.

이보다 더 조심해야 할 대상이 있다. 명사 뒤에 붙어 피동의 뜻을 더하면서 동사를 만드는 접미사 '-받다'이다. '-하다'를 써야 할 자리에 '-받다'를 잘못 사용하는 예를 보자.

■ 기초노령연금을 받게 되는 65세 이상 노인들에 대해서는 4월 중순부터 신청 기간을 정해 읍 · 면 · 동 사무소 및 전국 국민연금지사를 통해 접수받을 계획이다.

'접수받을'은 잘못 쓴 것이다. 접수는 '받아들임'의 뜻이다. 따라서 '접수받을'은 의미의 중복이다. '접수할' 또는 '신청받을'이면 족하다.

'사사師事받다'도 잘못 사용하기 쉬운 단어다. 사사는 '스승으로 삼고 가르침을 받음'이다. 따라서 '~를 사사해' 또는 '~에게 배워' 구문이 옳다. "원불교 좌산 이광정 상사에게 사상의학을 사사했다"와 같이.

■ 구치소 안으로 들어가 수용자 번호가 적힌 흰 천과 수의를 제공받았다.
➲ 구치소 안으로 들어가 수용자 번호가 적힌 흰 천과 수의를 받았다.

■ 감사원장이 대통령으로부터 임명장을 수여받고 임기를 시작했다.

➲ 감사원장이 대통령으로부터 임명장을 받고 임기를 시작했다.

■ 지방의원들은 월정수당과 의정활동비를 지급받는다.

➲ 지방의원들은 월정수당과 의정활동비를 받는다.

■ 농림수산식품부는 농수산물유통공사로부터 매년 운영계획을 제출받는다.

➲ 농림수산식품부는 농수산물유통공사로부터 매년 운영계획을 받는다.

위의 예문처럼 '주다' '내주다'의 뜻이 있는 명사에 '-받다'가 붙는 경우에는 단순히 '받았다'고 하면 충분하다. '발급받다, 제출받다, 교부받다, 지급받다, 부여받다' 등도 마찬가지다. 모름지기 받을 때는 가려 받아야 한다.

Q 다음 문장을 자연스럽게 고치시오.

1. 공중보건의는 군 복무를 하는 대신 보건소나 도서 벽지 등에서 근무하며 인건비는 보건복지가족부에서 지급받는다.
2. 평생번호의 시대(010)가 오면 모든 이용자가 식별번호를 누를 필요 없이 뒷자리(8개)만 누르면 되고 사실상 평생 동안 사용할 수 있는 평생번호를 부여받게 된다.
3. 민홍규 선생은 조선 고종 때의 마지막 옥새 전각장 석불 정기호 선생으로부터 직접 사사받았으며 전통 제작법의 계보를 이어받았다.

A

1. 공중보건의는 군 복무를 하는 대신 보건소나 도서 벽지 등에서 근무하며 인건비는 보건복지가족부에서 받는다.
2. 평생번호의 시대(010)가 오면 모든 이용자가 식별번호를 누를 필요 없이 뒷자리(8개)만 누르면 되고 사실상 평생 동안 사용할 수 있는 평생번호를 받게 된다.
3. 민홍규 선생은 조선 고종 때의 마지막 옥새 전각장 석불 정기호 선생을(에게서) 직접 사사했으며 전통 제작법의 계보를 이어받았다.

15
헤프게 주지 말자

'제공, 부여, 반환'에는 '주다'의 뜻이 포함되어 있다.
'제공해 주다, 부여해 주다, 반환해 주다'는 사실상 중복 표현이다.

사람들이 너무 가지려고 애쓰고, 받는 것에 집착한다고 언급했다. 그러나 반드시 그렇지만도 않다. 주는 경우도 많다. 어떨 때는 너무 헤프게 준다. 글쓰기에서 '-해 주다' 꼴을 무의식적으로 남발한다는 이야기다. 일반적으로 동사 어미 '-어/아' 뒤에 붙는 보조동사 '주다'는 '남을 위하여 어떤 일을 함'을 뜻한다.

- 농악 풍물단이 동네 구석구석을 돌며 가정의 건강과 행복을 빌어 주었다.
- 각박한 서울 인심이라지만 마음 따뜻한 사람들이 많다는 것을 알게 해준다.

■ 염소鹽素는 물에 있는 각종 세균을 없애 주는 역할을 한다.

책을 읽어 주고, 밥을 먹여 주고, 보살펴 주고, 가르쳐 주고, 숙제를 대신 해 주고, 전화를 바꿔 주고, 차를 수리해 주는 게 모두 이런 용례다.

'-해 주다'가 남이 아니라 말하는 자신을 위하여 어떤 일이 되는 것을 뜻하기도 한다. '네가 와 준 게 정말 고맙다' '그의 위협이 말로만 끝나 주기를 바랐다' 따위다.

이와 달리 '그의 뒤통수를 갈겨 주고 싶었다' 같은 문장에서는 누군가에게 무엇을 해 준다는 뜻보다는 동작을 강조하는 역할을 한다. '음식 맛이 죽여 준다' '정성을 생각해 깨끗이 먹어 주겠다' 등은 말하는 사람의 감정을 잘 드러낸다.

문제는 별다른 의미나 어감을 더하지 않으면서 '주다'를 덧대 사용하는 경우다.

■ 대나무는 생활에 필요한 여러 가지를 제공해 주는 이점이 있을 뿐 아니라… ('제공하다'가 곧 '준다'다. '제공하는'이면 된다.)

◐ 대나무는 생활에 필요한 여러 가지를 제공하는 이점이 있을 뿐 아니라…

■ 현금 입출금기 등을 이용해 세금이나 카드 대금 등을 환급해 주겠다는 설명에 응해서는 안 된다. ('환급=도로 돌려줌'이다. '환급하겠다

는' 이나 '돌려주겠다는' 이면 된다.)

◘ 현금 입출금기 등을 이용해 세금이나 카드 대금 등을 환급하겠다는 설명에 응해서는 안 된다.

■ 박OO 투수가 10승째를 따내고 전반기 같은 페이스를 유지해 준다면 20승을 노릴 수 있다는 계산이 나온다. ('유지한다면' 이면 충분하다.)

◘ 박OO 투수가 10승째를 따내고 전반기 같은 페이스를 유지한다면 20승을 노릴 수 있다는 계산이 나온다.

'제공해 주다, 부여해 주다, 반환해 주다' 등의 '제공, 부여, 반환' 에는 동사 '주다(물건, 자격, 권리 따위를 남에게 건네어 가지거나 누리게 하다)' 의 뜻이 포함되어 있다. 사실상 중복 표현이다. 너무 많이 주면 받는 사람이 고마운 줄 모른다. 줄 때 주더라도 비싸게 주자.

Q 다음 문장을 자연스럽게 고치시오.

1. 두 발로 걷는 로봇의 출현은 인간을 닮은 로봇 개발에 강한 자신감을 부여해 주었다.
2. 광주광역시는 지방세 감면 대상자가 이미 차량을 등록한 경우, 감면 세액 해당분을 환급해 줄 예정이다.

A

1. 두 발로 걷는 로봇의 출현은 인간을 닮은 로봇 개발에 강한 자신감을 부여했다. (또는 …강한 자신감을 주었다.)
2. 광주광역시는 지방세 감면 대상자가 이미 차량을 등록한 경우, 감면 세액 해당분을 돌려줄 예정이다.

16

'옥석구분' 뜻 아시나요?

'옥석구분'은 원래 옳은 사람과 그른 사람의 구별 없이
모두 재앙을 당하거나 좋은 것,
필요한 것까지 모두 잃어버리게 되는 것을 의미한다.

이명박 정부 출범과 지난해 총선 과정에서 많은 사람의 입에 오르내린 고사성어故事成語가 있다. 쓸 만한 사람과 그렇지 않은 사람을 가린다는 의미로 쓰인 '옥석구분'이다. 정계 고위 인사와 언론은 이구동성으로 "옥석을 구분해야 한다"고 말했다.

- 총선 후보의 옥석구분은 유권자 몫이다.
- 이 대통령의 측근 인사라 해도 총선 이후 옥석을 가려 쓸 것이다.
- 참여정부에서 임명된 공공기관장에 대한 퇴진 논란을 둘러싸고 옥석 가리기가 한창이다.
- 무차별 반등이 끝난 만큼 이젠 업종 · 종목별 옥석 가리기를 해야 할

때다.

하지만 '옥석구분玉石俱焚' 은 본래 다른 뜻이다. 중국 고전 『서경書經』의 "곤륜산에 불이 붙으면 옥과 돌이 함께 탄다火炎崑岡 玉石俱焚"는 구절에서 나온 것이다. 옳은 사람과 그른 사람의 구별 없이 모두 재앙을 당하거나 좋은 것, 필요한 것까지 모두 잃어버리게 되는 것을 의미한다. 옥석구분은 불행한 일이다. 그러나 어느새 옥돌을 골라낸다[구분區分]는 의미로 바뀌어 버렸다. 이제는 워낙 많은 사람이 쓰다 보니 잘잘못을 따지는 것이 이상할 정도다.

성어成語란 옛사람들이 만든 말이다. 어떤 사연이 얽혀 있는 게 많아 고사성어라고도 하고, 흔히 넉 자로 돼 있어 사자성어四字成語라고도 한다. 이런 말을 곁들이면 촌철살인의 맛이 있고, 표현이 풍부해진다. 그러나 뜻을 제대로 알고 써야 한다. 잘못 사용하면 망신당하기 십상이다.

흔히 "산수갑산에 가더라도 우선 먹기나 하자"라고 말한다. 그러나 '산수갑산' 은 '삼수갑산' 의 잘못이다. 삼수三水와 갑산甲山은 함경도의 군 이름이다. 교통이 불편하고 풍토병이 창궐해 예부터 유배지로 유명했다. '삼수갑산을 가더라도' 는 '어떠한 어려움을 겪더라도' 라는 뜻이다. 유배지 '삼

수'를 절경을 뜻하는 '산수山水'로 잘못 이해하는 사람이 많다. 그래서일까. '산수갑산' 간판을 단 음식점이 전국 곳곳에 많다.

'점입가경漸入佳境'도 주의해서 사용해야 할 고사성어 중의 하나다. 이는 '경치나 문장, 어떤 일의 상황이 갈수록 재미있게 전개된다'는 뜻이다.

■ 경영권을 둘러싼 경쟁이 점입가경이다.
■ 건설 원자재 수급난이 점입가경이다.

이처럼 재미와 거리가 먼 곳에까지 점입가경을 쓰는 경우가 허다하다. 역설적으로 사용한 것이 아니라면 잘못된 것이다. '타산지석他山之石'은 '다른 산에서 나는 보잘것없는 돌도 자신의 옥玉을 연마하는 데 도움이 된다'는 뜻이다. 실패나 좌절을 타산지석으로 삼아야 한다. 좋은 본보기를 타산지석으로 삼는 것은 논리적으로 맞지 않는다.

Q 다음 문장을 자연스럽게 고치시오.

1. 지난해 국내 주식시장에서 주구장창 내다 팔기만 했던 외국인들이 지난 1월 한 달간 7,657억 원 순매수를 보였다.
2. 맥길로이는 마지막 18번 홀(파5)에서 세 번째 샷이 그린 뒤 벙커에 빠지면서 절대절명의 위기를 맞았으나 침착하게 파 세이브에 성공해 우승컵을 거머쥐었다.

A

1. 지난해 국내 주식시장에서 주야장천晝夜長川 내다 팔기만 했던 외국인들이 지난 1월 한 달간 7,657억 원 순매수했다.
2. 맥길로이는 마지막 18번 홀(파5)에서 셋째 샷이 그린 뒤 벙커에 빠지면서 절체절명絶體絶命의 위기를 맞았으나 침착하게 파 세이브에 성공해 우승컵을 거머쥐었다.

17

유명세는 타는 것이 아니다

'유명세'는 세상에 이름이 널리 알려진 탓으로 당하는 불편이나 곤욕을 뜻한다.
나쁜 의미로 사용해야 한다.

사전을 찾아 한 번만 뜻을 알아 두면 정확하게 쓸 터인데 잘못 쓰는 단어들이 있다. 특히 한자어가 그렇다. 대표적인 것이 '유명세有名稅'다. 유명세는 '세상에 이름이 널리 알려진 탓으로 당하는 불편이나 곤욕'을 의미하는 속어다. 한마디로 나쁜 의미다. 그래서 세금에 빗댄 것이고 '유명세가 따르다' '유명세를 내다(치르다)' 등으로 사용하는 것이 마땅하다.

그러나 유명세의 '세'를 '세勢'로 착각해서 잘못 활용하는 사람이 많다. 다음 예문을 보자.

■ 배우의 유명세와 인지도 때문에 상품이 잘 팔렸다.
■ 서울 잠실 3단지 트리지움 상가는 지난해 역대 최고 분양가로 유명세

를 탔다.

■ OO고는 농촌 학교 가운데에서는 이미 유명세를 타고 있다.

'구설口舌' 도 요주의 대상이다. 구설은 '시비하거나 헐뜯는 말' 이다. '남의 구설에 오르다' 식으로 사용하는 것이 옳다. 그러나 구설을 구설수와 혼동하는 경우가 많다. 구설수는 '구설을 들을 운수' 다. 따라서 '구설수가 들다' 가 맞다.

'자문諮問' 은 필자도 헷갈리는 단어다. 사전에는 '전문가에게 의견을 물음' 으로 나와 있다. '자문=질문, 자문하다=질문하다' 로 기억하고 다음 문장을 보자.

① 회사는 유명한 경제 전문가에게 매사를 자문하고 있다.
② 정부의 정책 자문에 응하느라 늦었다.
③ 부동산업소를 찾아 투자 자문을 받는 게 안전하다.
④ 전문가의 자문을 들을 필요가 있다.

①, ②는 의미에 맞게 제대로 사용한 것이고 ③, ④는 잘못된 보기다. '자문하다' 대신 '조언을 구하다' '의견을 묻다' 를 쓰면 실수를 줄일 수 있다.

'접수接受' 도 행위의 주체를 착각하기 쉬운 단어다. '받아

들임'의 뜻이라는 것을 누구나 알 터인데 아래 예문처럼 '제출'의 뜻으로 사용하곤 한다.

- 동洞 주민센터에 우편, 팩스 등으로 의견을 접수하면 된다.
- 캠프에 참가를 원하는 학생은 자료를 5월 9일까지 접수하면 된다.
- 법학적성시험LEET 응시자 중 점수가 낮은 일부는 아예 원서 접수를 포기했다.

Q 다음 문장을 바르게 고치시오.

1. 불법 사채업자에게 빌린 돈을 갚지 못해 가족이 풍지박산이 났다.
2. 서울 잠실 3단지 트리지움 상가는 지난해 역대 최고 분양가로 유명세를 탔다.
3. 기상청은 지금까지 경비행기를 임대해 사용했지만, 올해 실험용 항공기를 도입할 예정이다.

A

1. 불법 사채업자에게 빌린 돈을 갚지 못해 가족이 풍비박산風飛雹散이 났다.
2. 서울 잠실 3단지 트리지움 상가는 지난해 역대 최고 분양가로 유명해졌다.
3. 기상청은 지금까지 경비행기를 임차해 사용했지만, 올해 실험용 항공기를 도입할 예정이다.

18

약관 38세에 군수를 지냈다니

약관은 남자 나이 스무 살을 의미한다.
40세 가까운 사람에게 약관을 붙이는 것은 어색하다.

초년병 기자 시절 선배 기자에게서 여러 차례 꾸중을 들었다. "피고인과 피고도 구분하지 못한다"는 것이 이유였다. 피고인은 형사 재판에서의 '죄인'이고, 피고는 민사·행정 재판 등에서 원고와 상대되는 개념이다. 그런데도 이를 제대로 구분하지 못하고 기사를 쓰니 선배로서는 속이 터졌을 것이다. 피고인과 피고를 헷갈리기는 요즘 신입 기자도 마찬가지인 모양이다. 인터넷 포털 사이트에 올라 있는 다음 예문이 그렇다.

■ 도덕성과 준법성이 요구되는 지방의원인 피고에 대한 원심의 형량이 파기를 면하지 못할 정도로 무거워 보이지 않는다.

■ 군 검찰은 김 기자를 형사 입건했으며, 재판부는 첫 공판에서 피고에게 바로 선고했다.

글자 하나 틀린 것을 갖고 왜 그렇게 호들갑이냐고 반기를 드는 사람도 있을 것이다. 그러나 한 자가 글 전체의 신뢰를 떨어뜨린다고 생각하면 아무리 조심해도 지나치지 않다.

이명박 정부 들어 차관급에 임명된 A씨. 그가 언론사에 돌린 이력서를 받아 드니 '군수(약관 38세)' 라는 부분이 눈에 확 들어왔다. 행정고시에 합격하고 30대 젊은 나이에 중책을 맡았다는 것을 강조하기 위해 포함시켰으리라. 그러나 약관弱冠은 '남자 나이 스무 살' 을 이르는 말이다. 결과적으로 아니 쓴 것만 못하다.

같은 한자인데도 다르게 읽는 '일절一切' 과 '일체一切' 도 자칫하면 틀리기 쉬운 단어다. 일절은 '아주, 전혀, 절대로' 의 뜻이다. 따라서 부인하거나 금지하는 말과 어울린다. 이에 반해 일체는 '모든 것, 온갖 것' 이라는 뜻으로, 긍정어와 연결된다.

■ 면회를 일절 금한다.

■ 재산 일체를 학교에 기부하다.

■ 거기에 따른 일체 비용은 회사가 부담한다.

걸맞는(→ 걸맞은), 웬지(→ 왠지), 뇌졸증(→ 뇌졸중), 금새(→ 금세)는 필자도 틀리기 쉬운 단어다. 잘 외워지지 않아 책상 앞에 써 붙여 놓고 수시로 본다.

『마담 보봐리』의 작가인 프랑스의 플로베르는 '하나의 사물을 나타내는 데는 단 하나의 단어밖에 없다'며 일물일어설一物一語說을 주창했다. 틀리는 말을 쓰지 않아야 함은 물론이고 가장 적절한 단어를, 올바르게 선택해야 한다는 것을 강조한 것이다.

Q 다음 문장에서 잘못된 곳을 고치시오.

1. 그 큰 나라의 국민들이 일사분란하게 투표하는 것을 보고 정부의 행정 체계가 궁금해졌다.
2. 김 씨의 아들은 프랑스 유명 요리학교 출신 재원才媛으로 현재 한국에서 프랑스 요리사로 활동하고 있다.

A

1. 그 큰 나라의 국민들이 일사불란一絲不亂하게 투표하는 것을 보고 정부의 행정 체계가 궁금해졌다.
2. 김 씨의 아들은 프랑스 유명 요리학교 출신으로 현재 한국에서 프랑스 요리사로 활동하고 있다. ('재원'은 재주가 뛰어난 젊은 여성을 일컫는 말이다.)

19
함부로 '돌입하지' 말자

강하고 자극적인 표현이 효과적이라고 생각하기 쉽지만
반복되면 글이 거칠어지고 품위가 낮아 보인다.

진한 감동과 강한 인상을 주고 싶지 않은 사람은 없을 것이다. 글을 쓰다 보면 실제보다 더 크게 부풀리고, 생생하게 보이도록 하고 싶은 유혹을 받을 때가 많다. 그 때문인지 크고 강한 말이 자주 나온다.

대표적인 것이 '단행斷行'이다. 사전에 올라 있는 '단행'의 뜻은 '결단하여 실행함'이다. 결단이 필요하거나 과단성이 드러나는 일에만 쓰는 것이 좋다. 그런데 웬만한 조치나 행위를 '단행했다'고 후하게 대접한다.

- 회장이 전격적으로 인사를 단행했다.
- 방송국이 봄철 프로그램 개편을 단행했다.
- 대통령이 부분 개각을 단행했다.

위의 예문에서 보듯이 회사의 인사, 방송사의 프로그램 개편, 정부의 개각과 관련된 글에 상투적으로 '단행하다'가 따라붙는다. 그러나 이 경우 '단행했다'를 '했다'로 대신해도 의미가 약해지지 않는다. 특히 첫째 문장에서 '전격적으로' 라는 수식어가 있기 때문에 '단행'은 사족이다.

'돌입突入'도 아껴 써야 할 대상이다. 이는 '세찬 기세로 갑자기 뛰어듦'이라는 뜻이다. '적진에 돌입하다' '대기권에 돌입하다' 등이 적절한 쓰임새다.

- 영화 '식코'가 장기 상영에 돌입했다.
- 피해 복구를 위한 모금 캠페인에 돌입했다.
- 본격적으로 홍보활동에 돌입할 예정이다.

위 예문들의 '돌입'은 그것을 사용할 만큼 긴박감이 느껴지지 않는다. '들어가다'를 사용해도 충분한 곳에 '돌입하다'를 마구 쓴 것이다. 강하고 자극적인 표현이 효과적이라고 생각하기 쉽지만 거칠고 품위가 낮아 보이기 십상이다.

'압수수색' 앞에 약방의 감초 격으로 오는 '전격적으로'도 절제해서 사용해야 한다. 원래 압수수색은 공개적으로, 예고하고 하는 것이 아니라 갑작스럽게, 몰래 하는 것이다. 아래 문장에서는 '전격적으로' '압수수색' '단행'이 충돌하는 느끼을 준다.

■ 경찰이 OO기업에 대해 전격적으로 압수수색을 단행해 그 배경에 관심이 쏠리고 있다.

Q 다음 문장을 자연스럽게 고치시오.

1. 한승수 국무총리는 제69회 순국선열의 날을 맞아 서대문 독립공원을 전격 방문했다.
2. 신임 OOO 전주지검장이 11일 취임식을 갖고 본격적인 집무에 돌입했다.

A

1. 한승수 국무총리는 제69회 순국선열의 날을 맞아 서대문 독립공원을 방문했다.
2. 신임 OOO 전주지검장이 11일 취임식을 한 뒤 집무에 들어갔다.

20
공무원도 모르는 '관공서 용어'

쉬운 단어가 있는데도 관공서에서 어렵고 딱딱한 표현을 고집하는 것은
글을 읽는 사람을 배려하지 않는 것이다.
소비자 마인드가 부족한 것이다.

구청이나 경찰서에 가면 잘못한 것이 없는데도 왠지 주눅이 들 때가 많다. 많이 나아졌다고 하지만 어렵고 딱딱한 용어를 쓰는 것이 한 원인이라고 생각한다.

- 강남구 전역에 한국인이 애송하는 시詩를 게첨한다.
- 보수 중인 신호등에 '공사 중' 안내문을 게첨하기로 했다.

첫째 문장은 서울시 강남구가 추억의 애송시 40편을 백화점과 버스 정류장 등 81개소에 전시한다는 내용의 보도자료 중 일부분이고, 둘째 문장은 서울시 보도자료에 나온 것이다. 여기서 '게첨揭添' 은 일반인이 좀처럼 사용하지 않는, 관

공서 서류에서나 볼 수 있는 단어다. 그 뜻은 '전시하다' 정도로 짐작되는데, 흔히 '현수막을 게첨하다' 식으로 사용한다. 그런데 게첨은 국어대사전에도 없는 유령 단어다. 참고로 '내붙임'의 뜻으로 사전에 올라 있는 단어는 '게첩揭帖' 이다.

관공서에서 굳이 어려운 단어를 쓰는 이유를 잘 모르겠다. 어려운 단어를 쓰면 글의 권위가 올라간다고 생각해서일까, 아니면 습관이 되어서일까. 이유가 무엇이든 읽는 사람이 뜻을 몰라 고개를 갸웃거린다면 잘못 쓴 것이다.

① 종로구는 청소종합대책의 일환으로 무단 투기 특별단속반을 운영하고 있다.

② 이웃 간의 친목과 화합을 도모하기 위해 척사대회를 했다.

③ 마을버스 우수업체에 대해서는 행정처분 시 양정 감면 등의 인센티브를 줄 예정이다.

④ 행정안전부는 공직자 재산등록 제도의 효율성을 제고하기 위해 공직자윤리법시행령 개정안을 마련해 입법예고했다.

관청에서 배포한 보도자료에 나온 위 네 문장 가운데 몇 개나 뜻을 알 수 있는지 스스로 점검해 보자. ①의 '투기投棄'는 '버림, 버리기'의 뜻으로 일상생활에서 제법 많이 쓰는 단어다. ②의 '척사擲柶'는 해마다 정월 대보름을 전후해 구청 신문에 많이 나오는데 '윷놀이'를 의미한다. ③의 '양정量定'은 '형량 결정, 양을 정함'의 뜻이다. 일반 공무원도 뜻을 잘 모르는 단어다. ④의 '제고提高'는 '쳐들어 높임'의 뜻이다. '효율성을 높이기 위해'라고 하는 쪽이 훨씬 쉽다.

쉬운 단어가 있는데도 굳이 어렵고 딱딱한 표현을 고집하는 것은 글을 읽는 사람을 배려하지 않는 것이다. 소비자 마인드가 부족한 것이다. 글을 쓸 때도 남을 배려하는 마음씨를 갖도록 노력하자.

Q 다음 문장을 자연스럽게 고치시오.

1. 경북버스운송사업조합이 경영난을 이유로 시내 · 농어촌 및 시외버스 전체 운행노선의 50%를 감회하기로 했다.
2. 이 건물의 영업장과 탕비실, 창고 등은 중과세 대상에 해당하지 아니한다.
3. 태풍 '볼라벤'을 피해 전남 신안 앞바다에서 투묘 중 좌초된 화물선 선원 10명이 무사히 구조됐다.
4. 태풍이 제주도 서쪽을 통과하면서 해안가는 월파로 주택침수가 속출했다.

A

1. 경북버스운송사업조합이 경영난을 이유로 시내 · 농어촌 및 시외버스 전체 운행노선의 50%를 줄이기로 했다.
2. 이 건물의 영업장과 간이 조리실, 창고 등은 중과세 대상에 해당하지 아니한다.
3. 태풍 '볼라벤'을 피해 전남 신안 앞바다에서 정박하기 위해 닻을 내리던 중 좌초된 화물선 선원 10명이 무사히 구조됐다.
4, 태풍이 제주도 서쪽을 통과하면서 해안가는 파도가 제방을 넘어 주택 침수가 잇따랐다

21
한자어를 쓰면 권위가 올라간다?

한자어를 쓰면 풍부한 어휘로 다양하게 표현할 수 있고,
글이 권위가 있어 보인다.
그러나 문장이 딱딱해지고 독자로 하여금 거리감을 느끼게 한다.

잘 쓴 글은 접속어가 적고 문장의 길이가 짧다고 강조한 바 있다. 잘 쓴 글을 가려내는 기준을 하나 더 보탠다면 얼마나 알기 쉽게 썼느냐는 것이다. 필자가 내용을 제대로 소화하지 못하고 쓴 글에는 전문용어, 어려운 단어가 곳곳에 나타난다. 초보 운전자가 운전할 때처럼 어깨에 잔뜩 힘이 들어간 탓이다.

의사나 법률가 등 특정 집단을 대상으로 하는 글은 난도가 높아도 그다지 문제 되지 않는다. 하지만 일반인이 주 독자가 되면 이야기가 달라진다. 신문사에서는 "중학생도 이해할 수 있도록 써라"라고 기자들에게 주문한다. 쉽게 쓰는 요령

이 있다. 어려운 한자어를 가급적 피하는 것이다.

① 흐르는 물이 저지에서 폐색된 때에는 고지 소유자는 자비로 소통에 필요한 공사를 할 수 있다.

② 흐르는 물이 낮은 곳에서 막힌 때에는 높은 곳에 있는 토지의 소유자는 자신의 비용으로 막힌 물을 통하게 하기 위한 공사를 할 수 있다.

①은 민법 제222조다. 무슨 뜻인지 이해하기 어렵다. ②처럼 바꾸면 훨씬 쉽다. 법조문에 비할 바 아니지만 보통의 글쓰기에서도 한자어가 많이 등장한다.

- 촛불문화제를 빙자해 불법 야간 집회와 가두시위를 주최하며…
- 제주항공이 7월부터 요금을 기존 항공사 대비 80% 수준으로 상향 조정한다.

한자어를 쓰면 풍부한 어휘로 다양하게 표현할 수 있고, 글이 권위가 있어 보인다. 그러나 문장이 딱딱해지고 독자로 하여금 거리감을 느끼게 한다. 위 예문에서 '빙자憑藉해'를 '(핑계로) 내세워'로 바꾸는 것이 자연스럽다. '상향 조정한다'를 '올린다'로 바꾸어도 별반 뜻이 다르지 않다.

- 정부 각 부처 산하 위원회 중 절반가량이 일괄 폐지된다.
- 경찰이 1시간 반 만에 시위대 해산을 완료했다.
- 운동에 참여하는 업소에게는 세금 감면 등의 인센티브를 부여한다.

예문에서 '일괄(→ 한꺼번에)' '완료했다(→ 끝냈다)' '부여한다(→ 준다)'를 우리말로 바꾸는 것이 부드럽다. 하지만 우리말의 70%를 차지하는 한자어를 완전히 무시할 수 없는 것이 현실이다. 한글만으로는 의미를 분명하게, 압축적으로 전달하는 데 어려움을 느끼는 경우도 있다. 한자를 병기竝記하면 뜻을 알기 쉽게 되고 독자가 혼동하는 것을 막을 수 있다.

Q | 아래 문장에서 밑줄 친 단어의 한자를 병기하시오.

1. 전북 지역에서 의사 환자까지 발생해 국민의 불안이 크다.
2. 조류 인플루엔자AI는 치사율이 63%인, 인수 공통 전염병이다.
3. 구미에서도 의회의 풍경을 거의 하루 종일 TV에서 보여 준다.
4. 정부는 가뭄이 봄까지 이어질 것에 대비해 농업용수 및 식수원, 관정 개발 등에 국비를 지원하기로 했다.

A |
1. 전북 지역에서 의사擬似 환자까지 발생해 국민의 불안이 크다.
2. 조류 인플루엔자AI는 치사율이 63%인, 인수人獸 공통 전염병이다.
3. 구미歐美에서도 의회의 풍경을 거의 하루 종일 TV에서 보여 준다.
4. 정부는 가뭄이 봄까지 이어질 것에 대비해 농업용수 및 식수원, 관정管井 개발 등에 국비를 지원하기로 했다.

22

'~에 대해'에 대하여

'~에 대해'가 종종 문장을 어색하게 한다.
아예 빼거나 '~에, ~을(를)'로 고치는 것이 자연스러울 때가 많다.

글 쓰는 사람이 무의식적으로 사용하는 어구 중에 '~에 대해/대한'이 있다. '대해/대한'의 기본형은 '대하다'로, 뜻은 '대상이나 상대로 삼다'이다. '전통 문화에 대한 관심'처럼 쓰는 것이 옳다. 그러나 이 어구가 문장을 부자연스럽게 하는 경우가 많다.

① 주 5일 근무제가 시작되면서 여가생활에 대한 관심이 높아졌다.

② 화물연대 지회는 OO전자 물류대행업체에 대해 운송료 인상과 근무조건 개선을 요구하고 있다.

③ 어느 날 그가 나에게 귀한 보이차를 선물했는데, 차에 대해 문외한이었던 나는…

④ 광교 신도시 광역 자전거도로 개설사업 시행에 대한 협약을 체결했다.

①, ②, ③에서는 '~에 대해/대한' 대신 '~에'라고 해도 충분하다. ④에서는 '~에 대한'을 빼는 것이 오히려 간결하다. 타동사가 올 경우 아래 문장에서처럼 '~에 대해'를 '~을(를)'로 퇴고推敲하는 것이 좋다.

■ K군은 자신의 상황에 대해 과장하지 않고 솔직하게 말했다.

➲ K군은 자신의 상황을 과장하지 않고 솔직하게 말했다.

■ 한국의 문인들과 함께 한국문학에 대해 연구하고…

➲ 한국의 문인들과 함께 한국문학을 연구하고…

■ 증시 상황 및 전망에 대해 안내하여 드리오니 자산관리에 참고하세요.

➲ 증시 상황 및 전망을 안내하여 드리오니 자산관리에 참고하세요.

아래 예문처럼 '~에 대해' '~에 대해서는'을 '~에게'로 바꾸는 것이 좋을 때도 있다.

■ 연세대는 A교수에 대해 교양과목 2개 강좌를 배정하기로 했다.

◘ 연세대는 A교수에게 교양과목 2개 강좌를 배정하기로 했다.

■ 제주항공은 항공편이 대중교통 수단이나 다름없는 제주도민에 대해서는 모든 노선, 모든 시간대에 10% 할인을 적용하기로 했다.

◘ 제주항공은 항공편이 대중교통 수단이나 다름없는 제주도민에게 모든 노선, 모든 시간대에 10% 할인을 적용하기로 했다.

'그룹 위기에 대한 배경' '동물에 대한 학명, 분포지역'에서처럼 조사 '의'가 들어설 자리에 '~에 대한'을 쓰는 수도 많다. 구문 자체를 바꾸는 게 좋을 때도 있고, '인간에 대한 사랑'처럼 아예 빼 버려야(인간 사랑) 할 때도 있다.

Q 다음 문장을 자연스럽게 고치시오.

1. 독일인들은 기업의 종업원에 대한 일상적인 감시 행위가 사생활을 침해하고 전체주의적인 국가통제로 나아갈 가능성에 대해 민감하게 반응하고 있다.

2. 상냥하고 유쾌한 노신사 버핏은 미리 스피어 부인의 고향까지 알아볼 정도로 상대에 대한 조사를 통해 대화를 풍부하게 했다.

A

1. 독일인들은 기업이 종업원을 일상적으로 감시하는 행위가 사생활을 침해하고 전체주의적인 국가통제로 나아갈 가능성이 있다고 보고 민감하게 반응하고 있다.

2. 상냥하고 유쾌한 노신사 버핏은 미리 스피어 부인의 고향까지 알아볼 정도로 상대를 조사해 대화를 풍부하게 했다.

23

'있어서' 불편할 때가 많다

'~에 있어(서)'는 일본어의 잔재다.
'~은(는), ~를' 등으로 바꾸거나 아예 구문을 조정하자.

자주 쓰는 표현 가운데 자연스럽지 않은 것이 있다. '~에 있어(서)'도 그중 하나다. 어린이들의 말과 글에는 이 구문이 거의 나타나지 않는다. 하지만 교장 선생님이 훈화 말씀을 하거나, 높은 자리에 있는 분들이 연설할 때에는 애용한다. 엄숙해 보이기 위해서일까.

이는 일본어 '~に於いて'를 흉내 낸 것이다. 그냥 '~에서'로 충분할 때가 많다. 맥락에 따라 '~은, ~는, ~를' 같은 말로 바꾸면 훨씬 자연스럽다.

■ 한·중 관계에 있어서 가장 큰 현안 중 하나인 FTA 추진을 적극 검토하기로 했다.

○ 한·중 관계에서 가장 큰 현안 중 하나인 FTA 추진을 적극 검토하기로 했다.

■ 당뇨병 치료에 있어서 중요한 것이 꾸준한 자기관리다.
○ 당뇨병 치료에서 중요한 것이 꾸준한 자기관리다.

■ 축구에 있어서 슛을 한 사람만 영웅이 되고, 죽어라고 어시스트를 해 준 사람에게는 공功을 전혀 인정해 주지 않는 것과 같은 논리다.
○ 축구에서 슛을 한 사람만 영웅이 되고, 죽어라고 어시스트를 해 준 사람에게는 공功을 전혀 인정해 주지 않는 것과 같은 논리다.

■ 더위를 겨냥해 만들어진 도넛인 만큼 먹는 방법에 있어서도 기존의 도넛과는 차별성을 띤다.
○ 더위를 겨냥해 만들어진 도넛인 만큼 먹는 방법에서도 기존의 도넛과는 차별성을 띤다.

다음처럼 '~에(게) 있어서'에서 '있어서'를 빼 버리고 '에(게)'만 남기는 것이 간결하고 이해하는 데 오히려 도움이 될 때도 있다.

■ 조기 퇴직은 인생에 있어서 먹구름 같은 존재다.
➲ 조기 퇴직은 인생에 먹구름 같은 존재다.

■ 남자에게 있어서 없어서는 안 될 미용 제품이 면도기다.
➲ 남자에게 없어서는 안 될 미용 제품이 면도기다.

■ 미국 사람들이 먹는 쇠고기를 수입해 오기 때문에 일단 안전에 있어서 문제가 없다.
➲ 미국 사람들이 먹는 쇠고기를 수입해 오기 때문에 일단 안전에 문제가 없다.

■ 빨리 걷는 것보다 일정한 속도로 걷는 것이 혈압을 낮추는 데 있어서 보다 효과적이다.
➲ 빨리 걷는 것보다 일정한 속도로 걷는 것이 혈압을 낮추는 데 보다 효과적이다.

아래 예문처럼 구문을 바꿔야 하는 경우도 있다.

■ 임플란트 시술에 있어서는 장기간의 금연이 반드시 필요하다.
➲ 임플란트 시술을 할 때 장기간의 금연이 반드시 필요하다.

■ 서양적 가치에 있어서는 육체의 고통은 극복 대상이고…

◘ 서양의 가치 기준으로 보면 육체의 고통은 극복 대상이고…

■ 부부애와 부정父情, 삶에 있어서 일의 의미 등을 되새겨 보게 하는 영화다.

◘ 부부애와 부정父情, 삶에서 일이 갖는 의미 등을 되새겨 보게 하는 영화다.

Q | 다음 문장을 자연스럽게 고치시오.

1. 모든 국민은 법 앞에 평등하다. 누구든지 성별 · 종교 또는 사회적 신분에 의하여 정치적 · 경제적 · 사회적 · 문화적 생활의 모든 영역에 있어서 차별을 받지 아니한다(헌법 제11조).
2. 동태찌개 음식점을 하려고 합니다. 창업에 있어서 가장 중요한 것이 무엇인가요?

A |

1. 모든 국민은 법 앞에 평등하다. 누구든지 성별 · 종교 또는 사회적 신분에 의하여 정치적 · 경제적 · 사회적 · 문화적 생활의 모든 영역에서 차별을 받지 아니한다.
2. 동태찌개 음식점을 하려고 합니다. 창업할 때 가장 중요한 것이 무엇인가요?

24
궁하면 통한다지만…

'~을(를) 통하여'는 무엇을 사이에 세워서 중개하게 하거나,
어떤 것을 이용하거나,
중간에 다른 경로나 과정 따위를 거칠 때 요긴하게 쓸 수 있다.

'통하다'는 쓸모가 많은 말이다. 길이 사방으로 통하고, 숨이 통하고, 말이나 생각이나 문맥이 통하며, 바람이나 전기 역시 통한다고 한다. 어떤 사람들은 너구리나 불여우로 통하고, 부박한 사회에선 잔재주가 통한다. 무술에 통한 사람에게 함부로 대들면 안 된다. 여기까지는 '통하다'가 자동사다.

다음은 타동사. 우리는 책을 통해 역사를 배우는데, 하나를 읽으면 열을 통한다. 정情은 나눌 뿐 아니라 통하기도 하는 것이며, 전화로 친구와 말을 통하고, 사람을 통해 교섭하고, 신문을 통해 세상 형편을 안다.

이렇게 다양한 쓰임새 중에서 얘기하려는 것은 '~을(를) 통

하여' 라는 구문이다. 무엇을 사이에 세워서 중개하게 하거나, 어떤 것을 이용하거나, 중간에 다른 경로나 과정 따위를 거칠 때 이 말을 요긴하게 쓴다. 하지만 지나침을 경계해야 하는 법이다.

■ 유류세 환급 및 법인세 인하를 통해 세수 감소 총액이 내년의 경우 5조 원에 달할 전망이다. ('법인세 인하로' 가 낫다.)

◘ 유류세 환급 및 법인세 인하로 세수 감소 총액이 내년의 경우 5조 원에 달할 전망이다.

■ 공직자가 되려는 사람이나 공직자는 부동산을 통해 재테크하려는 것도 옳지 않다. (마찬가지로 '부동산으로' 가 자연스럽다.)

◘ 공직자가 되려는 사람이나 공직자는 부동산으로 재테크하려는 것도 옳지 않다.

■ 공격적인 인수합병M&A을 통해 덩치를 키워 온 것에 문제가 생겼다. ('인수합병으로' 가 자연스럽다.)

◘ 공격적인 인수합병M&A으로 덩치를 키워 온 것에 문제가 생겼다.

■ 추경 편성을 통해 서민 경제를 지원하는 것은 고유가에 대한 근본적인 해결책은 아니라 하더라도 때늦은 감이 없지 않다. ('추경 편성으로' 로 바꾸자.)

◘ 추경 편성으로 서민 경제를 지원하는 것은 고유가에 대한 근본적인 해결책은 아니라 하더라도 때늦은 감이 없지 않다.

■ 인터넷 사이트를 통해 증명 발급을 신청, 우편 · 방문 · 팩스 등을 통해 받아 볼 수 있다. (한 문장에 두 '통'이 들어갔다. '사이트에서'와 '우편 · 인편 · 팩스 등으로' 쯤이 어떨까.)

➲ 인터넷 사이트에서 증명 발급을 신청, 우편 · 인편 · 팩스 등으로 받아 볼 수 있다.

■ 다른 부위의 절개를 통해 보형물을 삽입하는 것보다 통증이 덜하고 흉터가 작다. ('다른 부위를 절개해…'로 구문을 바꾸는 것이 좋다.)

➲ 다른 부위를 절개해 보형물을 삽입하는 것보다 통증이 덜하고 흉터가 작다.

■ 헌혈 행사를 통해 모아진 헌혈 증서는…

➲ 헌혈 행사에서 모은 헌혈 증서는…

■ 대통령이 환영사를 통해…

➲ 대통령이 환영사에서…

■ 민주노총은 기자회견을 통해…

➲ 민주노총은 기자회견에서…

■ 농림수산식품부는 보도자료를 통해…

➲ 농림수산식품부는 보도자료에서…

■ ○○투자증권이 조회공시를 통해…

➲ ○○투자증권이 조회공시에서…

■ 보고서를 통해…

➲ 보고서에서…

('환영사에서, 기자회견에서, 보도자료에서, 조회공시에서, 보고서에서'가 자연스럽다.)

Q 다음 문장을 자연스럽게 고치시오.

1. 콜센터 구축을 통해 소비자 상담 업무를 효율적으로 수행하고자 한다.
2. 중앙선관위는 인사 요인이 있을 때마다 부정기적으로 사무관 승진자를 시험을 통해 선발했다.

A

1. 콜센터를 구축해 소비자 상담 업무를 효율적으로 수행하고자 한다.
2. 중앙선관위는 인사 요인이 있을 때마다 부정기적으로 사무관 승진자를 시험으로 선발했다.

25
자리를 봐 가며 펼쳐라

'펼치다'는 쓰임새가 다양하다.
그러나 너무 포괄적으로 사용하면 글이 단조로워지고
본래의 뜻에서 벗어나기 쉽다.

펼칠 수 있는 것이 많다. 우리는 접었던 종이를 펼치고, 책을 펼치며, 우산과 부채와 날개를 펼친다. '접히거나 구겨지거나 오므라져 있던 것을 펴서 드러낸다'는 본뜻을 그대로 따른 용법이다.

이런 물리적 의미를 한번 증류해 경기 · 공연 · 행사, 범죄 수사 그리고 이야기 · 이론 · 이상 · 꿈(포부) 따위도 펼친다고 한다. '보고 듣거나 감상할 수 있도록 사람들 앞에 주의를 끌 만한 상태로 나타낸다, 실현한다'는 뜻이다. 이처럼 '펼치다'는 쓰임새가 다양하다.

문제는 과용과 남용이다. 우리는 '펼치다'를 지나치게 많

이, 너무 포괄적으로 쓴다. '어떤 행위를 하다'는 의미로 사용하는 경우가 많다. 편리한 말이긴 하나, 다른 동사를 찾아보지 않고 자꾸 펼치기만 하면 글이 단조로워지고, 어울리지 않는 데서 생각 없이 펼치면 읽는 이의 언어 직관을 거스르게 된다.

■ '유모차 부대'는 안전한 인도로 가두행진을 펼치다 서울시청 앞 광장에서 촛불집회가 시작되자 맞은편 대한문 앞에 자리 잡았다. (가두행진을 펼치다? 가두행진을 '했다'고 하면 된다.)

➲ '유모차 부대'는 안전한 인도로 가두행진을 하다가 서울시청 앞 광장에서 촛불집회가 시작되자 맞은편 대한문 앞에 자리 잡았다.

■ 정확한 타격을 펼치다 보니 매 경기 홈을 직접 밟아 6경기 연속 득점

도 기록할 수 있었다. ('정확하게 타격하다 보니'로 구문을 바꾸는 편이 좋다.)

- 정확하게 타격하다 보니 매 경기 홈을 직접 밟아 6경기 연속 득점도 기록할 수 있었다.

■ 목격자도 없고, 증거도 없이 마구잡이로 수사를 펼치다 보니 사건은 갈수록 미궁에 빠졌다. ('수사를 하다 보니'가 낫다.)

- 목격자도 없고, 증거도 없이 마구잡이로 수사를 하다 보니 사건은 갈수록 미궁에 빠졌다.

■ 연장전 후반 첼시 문전에서 현란한 돌파를 펼치다 넘어졌다. ('현란한 돌파'에 '펼치다'가 붙으니 플레이가 힘 있고 화려하게 느껴지지만 '현란하게 돌파하다'로 간결하게 정리하는 것이 자연스럽다.)

- 연장전 후반 첼시 문전에서 현란하게 돌파하다 넘어졌다.

■ 장애인 국회의원들은 자신들의 정치 경험을 바탕으로 '장애인의 정치 확대'를 주제로 강연을 펼쳤다. ('강연을 펼쳤다' 대신 '강연했다' 한 단어면 족하다.)

- 장애인 국회의원들은 자신들의 정치 경험을 바탕으로 '장애인의 정치 확대'를 주제로 강연했다.

■ 공사비를 과다 지급하는 등 허술한 행정을 펼치다 적발돼 관련 직원들이 문책당했다. (행정의 경우에는 '펴다'가 더 자연스러운 듯하다. '계엄령' 같은 것도 '펼치다'보다는 '펴다'가 낫다.)

- 공사비를 과다 지급하는 등 허술한 행정을 펴다 적발돼 관련 직원들이

문책당했다.

■ 1, 2위를 놓고 펼치는 결선 투표에서 승부가 판가름 난다. ('투표를 펼치다'도 어색하다. '치르는, 벌이는, 실시하는' 결선 투표가 매끄럽다.)

➲ 1, 2위를 놓고 치르는 결선 투표에서 승부가 판가름 난다.

Q 다음 문장을 자연스럽게 고치시오.

1. 회사 임직원들은 호국보훈의 달을 맞아 민통선 마을을 찾아 봉사활동을 펼쳤다.
2. 다 함께 떠들고 웃으면서 응원을 펼치다 보니 스트레스도 훨훨 날아가는 것 같다.

A

1. 회사 임직원들은 호국보훈의 달을 맞아 민통선 마을을 찾아 봉사활동을 했다.
2. 다 함께 떠들고 웃으면서 응원을 하다 보니 스트레스도 훨훨 날아가는 것 같다.

26
자주 선보이면 질린다

'선보이다'는 사람이나 사물을 처음으로 공개해
여러 사람에게 보인다는 뜻이다.

우리말 '선'은 '사람이나 물건의 좋음과 나쁨, 마땅함과 마땅하지 않음을 가리는 일'을 이른다. 본인이나 자녀의 결혼 상대자를 고르려고, 또는 함께 일할 사람을 가려 뽑으려고 만나 살펴보는 것을 '선본다(선을 본다)'고 한다. 이 말을 물건에 적용한 예로는 "오늘 이 좌석은 한복을 선보는 곳이었는지도 모른다"(박경리의 『토지』에서) 같은 게 있다.

요즘엔 가려내는 과정과 관계없이 그냥 처음 만나 보는 것도 선본다고 하는데, 여기서 살펴보려는 '선보이다(선을 보이다)'는 대부분 이와 비슷한 의미로 쓴다. '선보다'에 사동使動 접미사 '-이-'를 붙인 것이니까 본디 '선을 보게 하다'지만 사동의 색깔이 엷어졌다. 그래서 '사물(때로는 사람)을 처음으로 공개하여 여러 사람에게 보이다' '사물을 처음으로 등장시키다' 라는 뜻이 지배한다. 문제는 이 말을 헤프게 쓴다는 점이다.

■ A병원은 산부인과 전문병원 시범기관 지정을 기념해 '1·3세대 공감행복 사진공모전'을 선보인다. (공모전을 '연다' '한다'가 자연스럽다.)

◐ A병원은 산부인과 전문병원 시범기관 지정을 기념해 '1·3세대 공감행복 사진공모전'을 연다.

■ 바다의 금빛 물결이 이국적 향취를 선보인다. (이국적 향취가 처음 드러난 것도 아닌데…. '느끼게 한다'면 된다.)

◐ 바다의 금빛 물결이 이국적 향취를 느끼게 한다.

■ 코믹과 멜로, 애니메이션, 로맨스 등 가족과 연인들이 함께 즐길 수 있는 최신 개봉작 10여 편이 선보인다. ('최신 개봉작 10여 편을 상영한다'로 구문을 바꾸면 어떨까? 새 영화도 아닌데.)

◐ 코믹과 멜로, 애니메이션, 로맨스 등 가족과 연인들이 함께 즐길 수 있는 최신 개봉작 10여 편을 상영한다.

■ 민물고기 전시회, 얼음조각 전시회, 민물고기 잡기 등 다양한 체험 프로그램을 새롭게 선보인다. ('선보인다'에 '처음으로 공개하다'라는 뜻이 있으므로 '새롭게'는 사족.)

◎ 민물고기 전시회, 얼음조각 전시회, 민물고기 잡기 등 다양한 체험 프로그램을 선보인다.

■ 인간의 희로애락을 표현하는 데 기성 작가들이 선보인 방식과 차별성을 보이려 기울인 노력을 높이 샀다. (기성 작가들이 '쓴/ 사용한/ 원용한 방식'이 낫다. 구문이 부자연스러우니 '인간의 희로애락을 기성 작가들과는 다르게 표현하려고' 식으로 간명하게 고치자.)

◎ 인간의 희로애락을 기성 작가들과는 다르게 표현하려고 기울인 노력을 높이 샀다.

■ 이달 초 선보인 대한가정학회지(제38권)에는 '사회통합 후 북한 이주민의 생활적응 지원 방안'을 주제로 한 논문이 실려 관심을 끈다. (이전에 서른일곱 권이나 펴낸 학회지의 제38권에 '선보인'을 붙인 것은 아무래도 마땅치 않다. '나온/ 펴낸/ 발간한(된)' 같은 말이 더 적절할 듯하다.)

◎ 이달 초 나온 대한가정학회지(제38권)에는 '사회통합 후 북한 이주민의 생활적응 지원 방안'을 주제로 한 논문이 실려 관심을 끈다.

■ 2개월여 만에 코트에 돌아온 신진식은 예전의 화려한 기량을 다시 선보일 예정이다. (다시 '보여 줄/ 발휘할/ 펼쳐 보일' 따위로. 보여 주는 것과 선보이는 것은 외연과 내포가 다르다.)

◎ 2개월여 만에 코트에 돌아온 신진식은 예전의 화려한 기량을 다시 보여 줄 예정이다.

■ 고래 박물관이 마련돼 20여 종의 고래 모형, 포경 기구 등이 선보인다. ('박물관을 마련해 … 등을 전시한다' 쯤이 어떨까.)

◎ 고래 박물관을 마련해 20여 종의 고래 모형, 포경 기구 등을 전시한다.

Q | 다음 문장을 자연스럽게 고치시오.

1. 인천도시개발공사는 12일 인천 청라지구에서 견본주택을 선보인다.
2. 대구 수성구는 다음 달 1일부터 3일까지 수성못 일원에서 '수성 폭염축제'를 선보인다.

A

1. 인천도시개발공사는 12일 인천 청라지구에서 견본주택을 개관한다.
2. 대구 수성구는 다음 달 1일부터 3일까지 수성못 일원에서 '수성 폭염축제'를 한다(연다).

27
밝혀도 너무 '밝힌다'

뻔히 아는 사실과 누구나 짐작할 수 있는 소감,
원론이나 상투적인 얘기에는 '밝히다' 가 어울리지 않는다.

여인은 등잔을 밝혀 방 안을 밝히고는 밤을 꼬박 밝히며 남편을 기다린다. 노름을 밝히는 남편은 한 달에 한 번쯤 이삼일간 집에 돌아오지 않는다. 다른 일에선 사리를 분명히 밝힐 줄 아는 사람인데…. 여인은 신경을 밝혀 문밖의 기척을 살핀다.

용례를 예시하기 위해 억지로 만든 이 글에서 여섯 개의 '밝히다' 는 뜻이 조금씩 다르다. 그러나 여기서 다루려는 것은 이런 용법이 아니다. '드러나지 않았거나 알려지지 않은 사실 · 내용 · 생각 따위를 알리다. 어떤 사실을 공공연하게 알리다' 를 의미하는 '밝히다' 다.

무엇을 '밝히는' 게 아닌데도 단순히 '말하다'가 거듭되는 것을 피하기 위해, 또는 진부한 말을 인용해 놓고 의미를 더하려고 이 동사를 쓰는 게 문제다. 뻔히 아는 사실과 누구나 짐작할 수 있는 소감, 원론이나 상투적인 얘기, 알리는 것 이외의 의도가 짙은 말 따위엔 '밝히다'가 어울리지 않는다.

■ 유인촌 문화체육관광부 장관은 "특별한 상황을 제외하고는 자전거나 스쿠터, 대중교통을 이용해 출근하겠다"고 밝혔다. ('말했다'면 된다.)

➲ 유인촌 문화체육관광부 장관은 "특별한 상황을 제외하고는 자전거나 스쿠터, 대중교통을 이용해 출근하겠다"고 말했다.

■ 인천 연수지구의 부동산 중개인 A 씨(45)는 "9월 말 오피스텔에 대한 전매금지가 실시되기 때문에 이번이 마지막 찬스인 것 같다"고 밝혔다. (A 씨로서는 '밝힐 만한' 내용일지 몰라도 '말했다'로 충분하다.)

➲ 인천 연수지구의 부동산 중개인 A 씨(45)는 "9월 말 오피스텔에 대한 전매금지가 실시되기 때문에 이번이 마지막 찬스인 것 같다"고 말했다.

■ 외환위기 전의 단기 외채 증가는 종금사 등이 단기 외채를 조달해 장기 시설 투자에 사용하는 바람에 유동성 위기를 부른 것이라고 이 장관은 밝혔다. (외환위기 직후에 다 알려진 얘기다. '말하다'나 '분석하다'가 어떨까.)

➲ 외환위기 전의 단기 외채 증가는 종금사 등이 단기 외채를 조달해 장기 시설 투자에 사용하는 바람에 유동성 위기를 부른 것이라고 이 장관은 분석했다.

■ 전문 경영인 체제를 갖춘 현대중공업이 손해를 보는 일을 할 수는 없다는 입장을 밝혀 '독립 경영' 의지를 밝혔다. (한 문장에서 두 번이나 밝혔다. 마지막 말을 '보였다' 나 그와 비슷한 동사로 바꾸자.)

◎ 전문 경영인 체제를 갖춘 현대중공업이 손해를 보는 일을 할 수는 없다는 입장을 밝혀 '독립 경영' 의지를 보였다.

■ 장 교수는 "을미사변은 봉건적 용어인데다 명성황후가 처참하게 살해된 역사적 사실을 지칭하기에는 적절치 않다"며 "'명성황후 시해참변'이 좀 더 정확한 표현"이라고 밝혔다. ('밝혔다' 대신 '주장했다' 가 낫다.)

◎ 장 교수는 "을미사변은 봉건적 용어인데다 명성황후가 처참하게 살해된 역사적 사실을 지칭하기에는 적절치 않다"며 "'명성황후 시해참변'이 좀 더 정확한 표현"이라고 주장했다.

■ WHO는 공항 말라리아는 정확한 진단과 감염 경로 추적에 한 달 이

상 걸리기 때문에 제 때 대처하기가 어렵다고 지적하고, 말라리아 유행 지역에서 도착하는 항공기를 대상으로 해충 구제 등 적극적인 대책이 필요하다고 밝혔다. (앞에 '지적하고'가 나왔기 때문에 뒤에선 '밝혔다'를 쓴 듯한데, 밝히기엔 너무 원론적인 얘기 아닐까. 'WHO는 … 대처하기가 어려운 만큼(어렵다며) 말라리아 유행 지역에서 도착하는 … 필요하다고 지적했다' 식으로 글의 짜임을 바꾸는 것이 좋겠다.)

- WHO는 공항 말라리아는 정확한 진단과 감염 경로 추적에 한 달 이상 걸리기 때문에 제 때 대처하기가 어려운 만큼 말라리아 유행 지역에서 도착하는 항공기를 대상으로 해충 구제 등 적극적인 대책이 필요하다고 지적했다.

Q 다음 문장을 자연스럽게 고치시오.

1. A 씨는 술에 취해 아무것도 기억나지 않는다고 밝히고 있으나 이는 명백한 거짓말이다.
2. 식품업계는 의견서에서 "자율적 노력을 거쳐 저감화를 한 이슈에 대해 문제가 있는 것처럼 그렸다"고 밝혔다.

A

1. A 씨는 술에 취해 아무것도 기억나지 않는다고 해명했으나 이는 명백한 거짓말이다.
2. 식품업계는 의견서에서 "자율적 노력을 거쳐 저감화를 한 이슈를 문제가 있는 것처럼 그렸다"고 주장했다.

28

모처럼만에 우연찮게 만났다?

'모처럼'의 뜻은 '아주 오래간만에'이다.
여기에 '만에'를 덧댈 필요가 없다.
'우연찮게'는 '우연하게, 우연히'로 바루자.

우리가 무심코 자주 쓰는 낱말이나 어구를 뜯어보자.

- LG가 모처럼만에 공격 야구를 선보이며 4연패 늪에서 헤어났다.
- 주식 투자자들이 모처럼만에 활짝 웃었다.
- 모처럼만에 비가 온 후 회룡포는 가을의 끝을 향해 가고 있습니다.

'모처럼만에'는 '오래간만에'와 '모처럼'을 섞어 만든 듯한 말이다. 부사인 '모처럼' 자체가 '아주(일껏) 오래간만에' '벼르고 별러서 처음으로'란 뜻이니까 '만에'를 덧댈 필요가 전혀 없다. 덧대면 '오래간만에 만에'가 된다. 언제나 '모처럼'만 써야 한다.

'모처럼'은 "모처럼의 긴 휴식을 맞아 해외로 여행을 떠나는 사람이 많다" "모처럼의 간청을 거절할 수가 없었다"에서처럼 명사적으로도 쓴다.

'우연찮게'는 '모처럼만에'보다 사용이 까다롭다.

- 우연찮게 청와대의 전산 일을 맡게 됐다.
- 우연찮게 직장에서 쫓겨나면서 쥐꼬리처럼 작은 생활비 때문에 아내의 구박에 시달리게 된다.
- 웹서핑하다가 우연찮게 블로그에 들어가 글을 보게 되었다.

'우연찮다'는 '우연하지 아니하다'의 준말이다. '우연하게'라는 뜻으로 '우연찮게'를 사용할 경우엔, '우연하게'나 '우연히'로 바루자.

국립국어연구원에서 펴낸 『표준국어대사전』에도 '우연찮다'가 올라 있다. '꼭 우연한 것은 아니나 뜻하지도 아니하다'라는 아리송한 풀이를 달고서.

한글학회의 『우리말 큰사전』은 '우연찮다'를 '우연하지 아니하다'라고 설명하고 있다. 그러나 예문으로 든 "비밀이 우연찮게 드러났다"를 '비밀이 드러난 게 우연한 일만은 아니었다'는 뜻으로 썼는지, '우연히 드러났다'는 말을 하려 했는지가 명확하지 않다.

많은 사람이 '우연찮다=우연하다'로 알고 있는데, 일부 사전에선 '우연하지 아니하다'의 뜻으로 풀이하고 있으니 헛갈린다. 어떻게 해야 할까? 이럴 때는 '생각은 복잡하게, 결론은 단순하게'의 원칙을 적용하는 게 좋다. 우연한 일이라고 말하고 싶다면 '-찮다'를 달지 말고 그냥 '우연하다'를 쓰자. 우연한 일이 아닌 경우에도, 모호한 '우연찮다'를 써서 착오의 가능성을 남기지 말고 '우연하지 않다' '우연한 일이 아니었다'라고 풀어 쓰든지 아예 다르게 표현하자. 글은 언제나 명확해야 한다.

Q 다음 문장을 자연스럽게 고치시오.

1. 해가 바뀌고, 새로운 예산이 책정되었다. 모처럼만에 전체 회의가 열렸다.
2. 우연찮게 들어간 채팅방에서 닉네임이 '브래드 피트'인 20대 청년에게 호감을 느꼈다.

A

1. 해가 바뀌고, 새로운 예산이 책정되었다. 모처럼 전체 회의가 열렸다.
2. 우연히 들어간 채팅방에서 닉네임이 '브래드 피트'인 20대 청년에게 호감을 느꼈다.

29
너무 흔한 '너무'

'너무'는 부정적인 내용과 함께 사용해야 한다.
좋은 의미라면 '매우, 아주'로 바꿔 쓰는 것이 옳다.

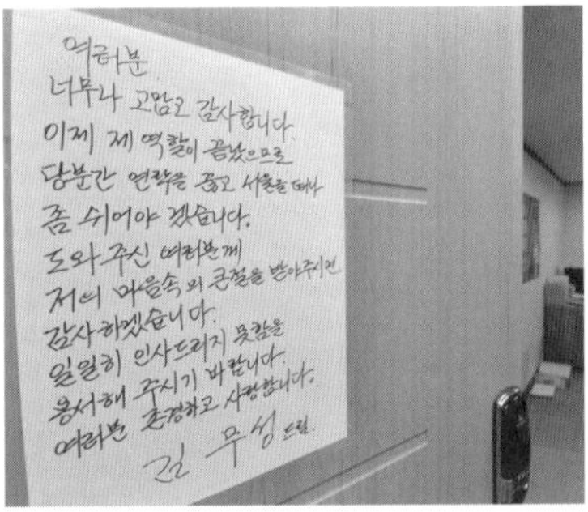

18대 대통령 선거가 끝난 직후 한 장의 인사장이 화제가 됐다. 박근혜 대통령 당선에 기여한 새누리당 김무성 선대위 총괄본부장이 당사에 있는 자신의 사무실에 붙인 것이다. '여러분 너무나 고맙고 감사합니다'로 시작된 글은 자리에 연연해 하지 않고 백의종군하겠다는 의지를 잘 보여준다. 그러나 여기서 '너무나'는 옥의 티다.

부사 '너무'의 본뜻은 '일정한 정도나 한계에 지나치게'이다. "이 여름은 너무 더워서 넋이 나갈 지경이지만 그렇다고 찬 것을 너무 많이 먹으면 배탈이 나니 조심해야 한다"고 할 때의 '너무'들은 바로 그런 뜻으로 쓴 것이다. '너무 크다. 너무 어렵다. 너무 위험하다' 등에서처럼 부정적인 의미가 따라올 때가 많다.

한데 요즘엔 너나없이 '너무'를 너무 헤피 쓴다. '매우, 아주, 참, 정말, 무척, 더할 나위(수) 없이, 깊이' 따위가 모두 '너무'에 눌려 맥을 못 춘다. 너무 기뻐요, 너무 예뻐, 너무 맛있어, 너무 섹시해…. 입말에서만 그러는 게 아니다.

■ 너무 사랑해서 결혼하기로 했다. ('정말'이나 '매우'로 바꾸는 것이 자연스럽다.)

➲ 정말 사랑해서 결혼하기로 했다.

■ 진짜 배우답게 대중을 행복하게 해 줄 수 있는 정답을 너무 잘 알고 있다. ('아주'나 '매우'가 좋다.)

➲ 진짜 배우답게 대중을 행복하게 해 줄 수 있는 정답을 아주 잘 알고 있다.

■ 화재 현장에서 불길 속으로 뛰어드는 소방관들을 보면 너무 자랑스럽다. ('지나치게 자랑스럽다'는 어색하다. 역시 '매우'나 '아주'로.)

➲ 화재 현장에서 불길 속으로 뛰어드는 소방관들을 보면 매우 자랑스

럽다.

■ 다른 스포츠에서는 너무 당연한 일이지만 바둑에서는 엄청난 파격이다. ('너무' 를 빼면 그만이다. 굳이 부사를 넣자면 뭐가 좋을까.)

◐ 다른 스포츠에서는 당연한 일이지만 바둑에서는 엄청난 파격이다.

또 하나 골치 아픈 어구가 '더 이상' 이다. 어법에 어긋난다고 주장하는 학자가 많다. 일정한 수준이나 양을 초과함을 나타내는 '이상' 을 '더' 에 붙인 것은 당치 않다는 것이다. 아무도 '덜 이하' 를 쓰지 않듯이. '더 이상' 은 '더, 더는' 을 비롯한 다른 말로 바꾸거나 아예 빼는 게 좋을 때가 많다.

■ 에어컨, 더 이상 쌀 수 없다. ('더는' 이면 충분하다.)

◐ 에어컨, 더는 쌀 수 없다.

■ 관악산은 수도권 주민의 마지막 숨 쉴 공간으로서 더 이상 훼손해서는 안 된다. ('더' 가 좋다.)

◐ 관악산은 수도권 주민의 마지막 숨 쉴 공간으로서 더 훼손해서는 안 된다.

■ 『해리 포터』 시리즈는 더 이상 구구한 설명이 필요 없다. ('더 이상' 을 빼면 된다. '더 설명할 필요가 없다' 로 구문을 고치든지.)

◐ 『해리 포터』 시리즈는 구구한 설명이 필요 없다.

■ 미사랑 코코넛은 4월 이후 더 이상 수입되지 않아 시중에 남아 있는 양도 그리 많지 않은 상태다. (여기서도 '더 이상'이 없는 것이 좋다.)

➲ 미사랑 코코넛은 4월 이후 수입되지 않아 시중에 남아 있는 양도 그리 많지 않은 상태다.

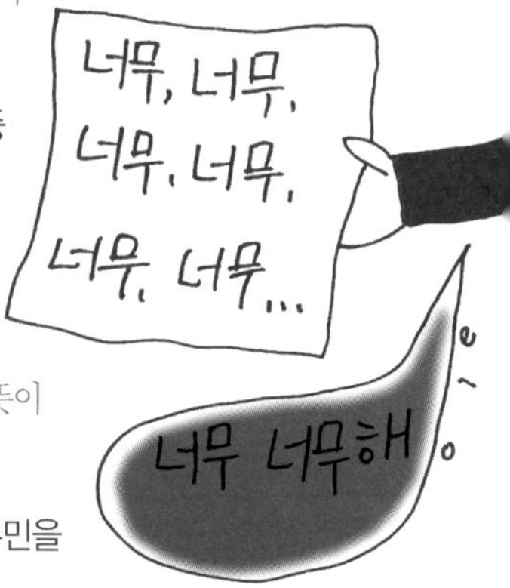

■ 혹독한 인권 유린으로 고통받고 있는 북한 주민을 더 이상 외면하지 말라. ('계속'이면 뜻이 잘 통한다.)

➲ 혹독한 인권 유린으로 고통받고 있는 북한 주민을 계속 외면하지 말라.

Q 다음 문장을 자연스럽게 고치시오.

1. 아내를 처음 봤을 때 평생 질리지 않을 자신이 있었고 지금도 아내가 너무 사랑스럽다.
2. 더 이상 올림픽은 금메달을 놓고 벌이는 '전쟁'이 아니다.

A

1. 아내를 처음 봤을 때 평생 질리지 않을 자신이 있었고 지금도 아내가 매우 사랑스럽다.
2. 이제 올림픽은 금메달을 놓고 벌이는 '전쟁'이 아니다.

30
조금은 덜 '개인적'으로

'집단 · 전체 · 조직 · 공공' 등과 대립되는 개념으로 '개인적으로'를 사용해야 한다. 이런 대립 관계가 없는 맥락에서 '개인적으로'를 쓰는 것은 사족이다.

모든 개념이나 낱말에는 대립 개념과 맞서는 말이 있다. 그림자에 비유한다면, 어떤 말들은 유난히 그림자가 짙다. 즉, 항상 대립어를 떠올리게 한다.

그런 것 중 하나가 '개인적'(또는 '개인적으로')이다. 아마 조건반사처럼, 거의 무의식적으로 '집단 · 전체 · 조직 · 공공' 같은 개념이 당신의 언어 중추를 스쳐 갈 것이다. 말을 만들 때도 마찬가지다.

■ 과학기술부와 보건복지부가 발주한 연구 프로젝트를 수행하면서 받은 정부 지원금 120억 원 가운데 16억 원을 빼돌려 개인적으로 쓴 혐의를 받고 있다. ('정부 지원금'과 '개인적으로'가 맞선다.)

■ 이처럼 근무 시간에 개인적 용도로 인터넷을 사용하는 '사이버 슬래킹' 족이 늘고 있다. ('근무 시간'과 '개인적 용도'를 대비했다.)

■ 북구 의회 의장단도 개인적으로 마신 술값 80만 원을 기관 운영 업무 추진비에서 지출한 것으로 밝혀졌다. (공식 회합에서 마신 게 아님을 전제로 한 표현이다.)

■ 금융감독원장은 최근 외환위기 재발설說과 관련, "1997년 외환위기 이후 10년간 구조조정을 많이 했고, 기반을 닦았기 때문에 개인적으로 외환위기 가능성은 없다고 생각한다"고 밝혔다. (금융감독원장으로서가 아니라 사적으로 의견을 밝혔다는 뜻이다.)

문제는, 쓸데없이 '개인적'을 넣는 경우가 많다는 것이다. 아래 예문을 보자.

■ H 씨는 인터뷰에서 "개인적으로 예능 프로그램이 너무 재미있고 편하다"며 자신은 예능 프로그램과 궁합이 잘 맞는다고 털어놨다. (집단적으로는 재미없다는 뜻일까? 대립 관계가 전혀 없는 맥락이어서 어색하니 '개인적으로'를 빼버리자.)

➲ H 씨는 인터뷰에서 "예능 프로그램이 너무 재미있고 편하다"며 자신은 예능 프로그램과 궁합이 잘 맞는다고 털어놨다.

■ "팀워크를 중시하는 인선 때문에 장관들이 개인적인 능력에 관계없이 교체될 수도 있다"고 이 관계자는 전망했다. ('개인적인 능력'은 흔히 쓰는 구절이지만, 이 문장에선 '개인적이 아닌' 능력을 상상하기가 어렵다. '장관들이 능력에 관계없이'면 되겠다.)

➲ "팀워크를 중시하는 인선 때문에 장관들이 능력에 관계없이 교체될 수

도 있다"고 이 관계자는 전망했다.

■ 청춘을 한 오케스트라에 온전히 바친 그에게 개인적인 소망을 물었다. 그는 "개인적 욕심은 없다"고 말했다. (소감 · 경험 등은 대부분 '개인적' 인 것이다. '개인적인' 을 빼는 것이 좋겠다.)

◐ 청춘을 한 오케스트라에 온전히 바친 그에게 소망을 물었다. 그는 "개인적 욕심은 없다"고 말했다.

■ 개인적으로 베이징 올림픽을 보면서 가장 아쉬웠던 건 남북 동시 입장이 무산된 것이다. (체육계 · 정치계 등의 인사가 아니라면 '개인적으로' 는 불필요하다.)

◐ 베이징 올림픽을 보면서 가장 아쉬웠던 건 남북 동시 입장이 무산된 것이다.

■ 세계선수권대회에서는 우승했지만 올림픽에서는 은메달에 그쳤습니다. 개인적으로 아쉽지 않습니다. (역시 군더더기다.)

➲ 세계선수권대회에서는 우승했지만 올림픽에서는 은메달에 그쳤습니다. 아쉽지 않습니다.

Q 다음 문장을 자연스럽게 고치시오.

1. 미래 직업을 선택할 때는 여러 요건 가운데 직업 안정성과 개인적 성취감과 같은 직업 가치관을 고려해야 합니다.
2. 개인적으로 서민들이 보험을 해약하면 해약하는 개인은 얼마나 손해를 보고, 보험회사가 얼마나 돈을 버는지 궁금합니다.

A

1. 미래 직업을 선택할 때는 여러 요건 가운데 직업 안정성과 성취감 같은 직업 가치관을 고려해야 합니다.
2. 서민들이 보험을 해약하면 해약하는 개인은 얼마나 손해를 보고, 보험회사는 얼마나 돈을 버는지 궁금합니다.

31
'들' 없어서 좋을 때가 많다

문맥상 복수임을 짐작할 수 있거나,
다른 어휘로 복수라는 것을 알 수 있을 때는
'들'을 빼고 단수로 하는 것이 자연스럽다.

혼자서는 외로워서일까, 사물을 복수로 만드는 경우가 많다. 원칙적으로 셀 수 있는 명사 뒤에 접미사 '들'을 붙이면 간단하게 복수가 된다.

- 수입업체들이 미국산 쇠고기를 본격적으로 들여오고 있다.
- 로봇올림피아드에 참가한 어린이들이 진지한 표정으로 로봇을 조립하고 있다.

'들'은 명사뿐만 아니라 '그들처럼, 저들처럼'에서와 같이 대명사에도 붙는다. 때로는 부사나 동사 뒤에 붙기도 한다. 이 경우는 주어나 말을 듣는 사람이 복수라는 것을 전제로 한다. "많이들 먹어라" "잘들 논다" "TV 보고들 있어"처럼. 심지어 복수가 될 수 없는 단어에까지 '들'을 붙인다. "수고들 하세요" "감기들 조심하세요"가 그런 예다.

이처럼 '들'은 약방의 감초처럼 쓰인다. 특히 영어식 표현에 익숙하게 되면서 '들'은 이곳저곳에 등장하느라 바쁘다. 그러나 꼬박꼬박 '들'이 나와 오히려 문장을 어색하게 만드는 경우가 많다. 문맥상 복수임을 짐작할 수 있거나, 다른 어휘로 복수라는 것을 알 수 있을 때다. '들'을 들어내고 단수로 하는 것이 자연스럽다.

- 세계에서 가장 깨끗한 바다에 크고 작은 150여 개의 섬들이 장관을 연출한다. (구체적인 숫자가 있어 문맥상 복수임을 알 수 있다. '섬

이'면 족하다.)

◆ 세계에서 가장 깨끗한 바다에 크고 작은 150여 개의 섬이 장관을 연출한다.

■ 매년 10만 명 이상의 암 환자들이 새로 생기지만, 이들 중 절반가량은 치료 후 5년 이상 생존한다. (같은 이유에서 '환자가'로 하는 것이 자연스럽다.)

◆ 매년 10만 명 이상의 암 환자가 새로 생기지만, 이들 중 절반가량은 치료 후 5년 이상 생존한다.

■ 우리나라의 모든 장교들은 임관 후 최소한 3년간 근무하도록 되어 있으며, 필자도 30년 전 군의관으로 3년간 복무했다. ('모든'으로 복수임을 알 수 있다. '모든 장교는' 또는 '장교들은.')

◆ 우리나라의 모든 장교는 임관 후 최소한 3년간 근무하도록 되어 있으며, 필자도 30년 전 군의관으로 3년간 복무했다.

■ 이번 영화를 만들기 위해 여러 학교들을 다니며 학생들을 인터뷰했다. ('들'이 두 번 나온다. '여러'가 복수를 나타내기 때문에 '학교'면 된다.)

◆ 이번 영화를 만들기 위해 여러 학교를 다니며 학생들을 인터뷰했다.

■ 상승하는 수증기들이 주변의 낮은 공기들 때문에 냉각되고 서서히 뭉치면서 구름들이 생겨난다. (수증기 · 공기 · 구름 등 셀 수 없는 명사는 원칙적으로 복수가 될 수 없다.)

◆ 상승하는 수증기가 주변의 낮은 공기 때문에 냉각되고 서서히 뭉치면

서 구름이 생겨난다.

집합 개념이 있는 명사에서도 '들'은 성가신 존재다.

■ 400여 명의 동문들이 참석한 가운데 송년회가 성황리에 개최됐다. ('동문이'가 깔끔하다.)

➲ 400여 명의 동문이 참석한 가운데 송년회가 성황리에 개최됐다.

■ 경북 포항시 흥해읍 덕실마을이 관광객들을 위한 다양한 설맞이 행사를 마련한다. ('관광객'이면 된다.)

➲ 경북 포항시 흥해읍 덕실마을이 관광객을 위한 다양한 설맞이 행사를 마련한다.

Q 다음 문장을 자연스럽게 고치시오.

1. 130여 개국에서 요리사와 공예가 등 69명의 외국인들이 초청돼 솜씨를 보여 준다.
2. 보험사 특별조사요원의 90%는 전직 경찰관들이다. 예전엔 경찰서 교통사고처리반 출신들이 많았다.
3. 영화관이나 놀이공원에서 신용카드로 할인 받는 분들 많으시죠. 그런데 카드사들이 중소가맹점의 수수료를 낮춰주겠다고 나서면서 줄어드는 수익을 메우기 위해 고객들에게 제공하던 각종 혜택을 줄이고 있습니다.
4. 올해로 15회를 맞이하는 '포이트리 아프리카' 축제에 참석한 스무 명의 시인들이 무대에 올랐다.

A

1. 130여 개국에서 요리사와 공예가 등 69명의 외국인이 초청돼 솜씨를 보여 준다.
2. 보험사 특별조사요원의 90%는 전직 경찰관이다. 예전엔 경찰서 교통사고처리반 출신이 많았다.
3. 영화관이나 놀이공원에서 신용카드로 할인 받는 분 많으시죠. 그런데 카드사들이 중소가맹점의 수수료를 낮춰주겠다고 나서면서 줄어드는 수익을 메우기 위해 고객에게 제공하던 각종 혜택을 줄이고 있습니다.
4. 올해로 15회를 맞이하는 '포이트리 아프리카' 축제에 참석한 스무 명의 시인이 무대에 올랐다.

32
'째'인가 '번째'인가

'째'는 순서나 등급을 나타낼 때,
'번째'는 거듭되는 일의 차례를 뜻한다.

"그의 첫 번째 매력은 잘생긴 외모다." "우리 애가 이번 시험에서 꼴찌에서 다섯 번째 했어." 우리는 흔히 이렇게 말하고 적는다. '첫째 매력'과 '꼴찌에서 다섯째'가 옳지만, 습관의 위력은 무섭다.

서수사 '첫째, 둘째…'는 차례나 등급을 나타낸다. 나란히 있는 사람이나 물건의 차례를 말할 때(둘째 줄의 셋째 사람), 항목이나 사례를 열거할 때(첫째, 그는 정직하다), 출생 등의 시간적 순서와 규모나 질의 등급을 이를 때(넷째 아들, 둘째로 좋은 제품) 쓴다.

이와 달리 '첫 번째, 두 번째…'는 '거듭하는' 일의 차례를 뜻한다. '첫 번째 시도' '그곳에 네 번째 다녀온다' 처럼. 그러나 실제 글을 쓰다 보면 '째' 가 들어가야 할 자리에서 무심코 '번째' 라고 한다.

아래 예문은 제대로 된 것들이다.

■ 이명박 대통령과 부시 대통령이 공식적으로 만나는 것은 4월 캠프 데이비드와 7월 일본 도야코 회담에 이어 세 번째이다.
■ 서울에 올 들어 두 번째 폭염주의보가 내려졌다.
■ 김건모는 최근 발매를 앞둔 12번째 앨범 타이틀 곡 '키스Kiss'의 뮤직비디오에서 매력적인 톱 모델 구은애와 짜릿한 키스신을 연출했다.

다음은 잘못 쓴 예다.

■ 변변한 유전 하나 없이 세계 다섯 번째 원유 수입국인 우리나라로서는 이만저만한 걱정이 아니다. (순위를 말하는 것이므로 '다섯째' 가 옳다.)
■ 기니 선수단이 중국어 간체자 순서에 따라 두 번째로 입장했다. (둘째로.)
■ '마린 보이' 박태환이 수영 남자 자유형 400m 예선에서 37명 가운데 세 번째 빠른 기록으로 8명이 겨루는 결승에 올랐다. (셋째로 빠른.)
■ 신지애는 파5 1번 홀에서 세 번째 어프로치샷을 홀 1m 거리에 붙인 뒤 가볍게 버디를 잡아냈다. (셋째 샷을 어프로치샷으로. 어프로치샷

을 세 번째 한 게 아니다.)

■ 이 부분에서도 KBS 2가 첫 번째에 올라 공영방송의 체면을 무색하게 했다. ('첫째에' 나 '1위에'. '첫째에 올라' 를 '첫째여서' 로 줄이면 더 좋다.)

'째' 와 '번째' 가 헛갈린다면 일부다처제 나라에 살고 있다고 상상해 보자. '첫째 부인(우선 순위가 맨 먼저)' 과 '첫 번째 부인(결혼한 순서가 맨 먼저)' 의 차이를 떠올리면서. 입말에서 가끔 쓰는 '~째 번(첫째 번, 다섯째 번)' 은 뜻에 따라 '째' 나 '번째' 로 바루자.

Q 다음 문장을 자연스럽게 고치시오.

1. OOO 통일부 차관(왼쪽에서 세 번째)이 긴급 간부회의를 주재하고 있다.
2. 네 번이나 결혼한 강 씨는 넷째 부인이 죽기 5일 전 부인 명의로 보험에 가입했다.

A

1. OOO 통일부 차관(왼쪽에서 셋째)이 긴급 간부회의를 주재하고 있다.
2. 네 번이나 결혼한 강 씨는 네 번째 부인이 죽기 5일 전 부인 명의로 보험에 가입했다.

33

물결표 뒤쪽을 잘 살피자

'3~40만 원' 이라고 하면 '3원~40만 원' 의 뜻일까,
아니면 '30만~40만 원' 의 뜻일까?

'동안표' 라고도 하는 물결표(~)는 '내지乃至' 의 뜻으로 쓰인다. '무엇부터 무엇까지(또는 그 사이)' 의 의미다. '80~90개' 는 80개 내지 90개, 80개에서 90개까지를 뜻하며, '6월 2~5일' 은 2일에서 5일까지 또는 그 사이, '25~45쪽' 은 25쪽에서 45쪽까지 또는 그 사이다. 사전에서는 어떤 말의 앞이나 뒤에 들어갈 말 대신에 이 표를 넣는다. '운동' 이라는 표제어의 용례를 보일 때 '~장, ~화, 선거~, 새마을~' 처럼 제시하는 식이다.

이 두 용법 중 앞의 것이 글 쓰는 이들을 자주 헷갈리게 한다.

■ 특별히 올해는 건국 60주년을 기념해 8월 5일~15일까지 대형 태극기 및 무궁화 이미지를 설치한다. ('까지' 라는 말은 물결표 속에 이미 녹아 있다. '까지' 를 빼도 되지만, 그냥 놔두고 물결표를 '부터' 로 바꾸면 자연스러워진다.)

➲ 특별히 올해는 건국 60주년을 기념해 8월 5일부터 15일까지 대형 태극기 및 무궁화 이미지를 설치한다.

■ 한국은행 대전 · 충남본부 관계자는 "대체로 명절 연휴기간 직전에 공급된 현금은 명절 이후 10일간에 70~80% 정도가 다시 금융기관으로 돌아온다"고 말했다. ('정도' 는 사실상 군더더기다. '쯤, 가량, 남짓, 여餘' 가 또한 그렇다. 물결표를 이미 '내지' 로 읽는데, 거기에 추정하는 말을 덧붙인다? 꼭 필요한 경우가 아니면 피하자.)

➲ 한국은행 대전 · 충남본부 관계자는 "대체로 명절 연휴기간 직전에 공급된 현금은 명절 이후 10일간에 70~80%가 다시 금융기관으로 돌아온다"고 말했다.

■ 이스라엘 병사들의 월급은 약 9만~24만 원이다. ('약' 도 마찬가지로 불필요하다.)

➲ 이스라엘 병사들의 월급은 9만~24만 원이다.

■ 내년도 입학생 수가 2,000~3,000명 이상인 대규모 전문대의 입학 정원이 동결된다. ('이상' 이 들어가는 바람에 범위가 분명치 않다. 물결표를 빼고 그냥 풀어 쓰자.)

➲ 내년도 입학생 수가 2,000명에서 3,000명 이상인 대규모 전문대의 입학 정원이 동결된다.

단위가 헷갈릴 때도 있다. '30만~40만 원'을 '3~40만 원(3원에서 40만 원까지)'으로 적는 경우가 그렇다. '삼사십만 원'이라는 입말의 영향 때문이다.

■ 산업재산권 소유권 소유기간(20년) 동안 기술사용료 징수로 70~80억 원의 세외수입이 예상된다. (문장대로라면 '70원에서 80억 원'의 뜻이다. 70 다음에 '억'을 넣어야.)

➲ 산업재산권 소유권 소유기간(20년) 동안 기술사용료 징수로 70억~80억 원의 세외수입이 예상된다.

■ 태양광 주택을 지을 경우 서울시가 120만 원을 추가 지원해 실제 건축주 부담은 600~700만 원 수준으로 낮아진다. (마찬가지로 '600만.')

➲ 태양광 주택을 지을 경우 서울시가 120만 원을 추가 지원해 실제 건축주 부담은 600만~700만 원 수준으로 낮아진다.

다음은 '인수분해' 문제다. 수량을 나타내는 말을 물결표 앞뒤에 거듭 쓸 것인가, 뒤에만 넣을 것인가? 대부분의 신문에선 뒤에만 넣는다. '9월 15일~25일' '10cm~20cm'가 아니라 '9월 15~25일' '10~20cm'다.

Q | 다음 문장을 자연스럽게 고치시오.

1. 충청남도가 연간 5,000~9,000만 원을 버는 농민 1만 가구를 1억 원 이상의 부농으로 육성하는 '특별 프로젝트'를 추진한다.
2. 우뭇가사리에서 추출한 펄프는 나무를 잘라 만든 펄프보다 t당 100~150달러 정도 싸고 산림 훼손을 방지하는 효과도 있다.

A

1. 충청남도가 연간 5,000만~9,000만 원을 버는 농민 1만 가구를 1억 원 이상의 부농으로 육성하는 '특별 프로젝트'를 추진한다.
2. 우뭇가사리에서 추출한 펄프는 나무를 잘라 만든 펄프보다 1t당 100~150달러 싸고 산림 훼손을 방지하는 효과도 있다.

34

여부與否는 여분餘分이다

'-인지, -는지, -ㄴ지, -ㄹ지' 따위의 연결어미는
'둘(또는 여럿) 중에서 어느 것인지 의문을 가지거나 추측함'을 나타내기 때문에
그다음에 또 '여부'가 나오면 어색하다.

곳곳에서 시비가 일어난다. 쟁점이 많고 이해관계가 상충하기 때문이다. 그래선가. 사람들은 '여부與否'라는 말을 즐겨 쓴다.

- 상가 투자에서 입지는 투자의 성공 여부를 결정하는 중요한 요소다.
- 올림픽 휴식기 동안 영입한 외국인 투수들의 활약 여부도 관심거리다.

문제는 여부의 상당수가 여분, 군더더기라는 점이다.

- 청와대 초청 행사에 이승엽 선수가 참석할지 여부도 확정되지 않았다.
- 연맹은 심판 판정에 대한 선수의 주장이 타당한지 여부를 충분히 살펴야 할 의무가 있다.

여기서 '여부'가 필요한가? '여부'란 '그러함과 그렇지 않음'이다. 맥락에 따라선 '하느냐 마느냐' '좋으냐 안 좋으냐'를 뜻하기도 한다. 문제는, 그 앞에 흔히 붙는 '-인지, -는지, -ㄴ지, -ㄹ지' 따위의 연결어미도 '둘(또는 여럿) 중에서 어느 것인지 의문을 가지거나 추측함'을 나타낸다는 점이다. 그러니 이러한 연결어미 다음에 '여부'가 나오면 어색해지거나 논리를 해칠 수밖에 없다. 이럴 땐 이 낱말을 일단 빼자. 나머지 표현을 적절히 조절해야 할 때도 있다.

■ 언어적 재능이 있는지 여부를 살피기 위해 지원자의 발표력이 얼마나 뛰어난지를 평가할 것이다. (있는지 또는 있는지를.)

◘ 언어적 재능이 있는지 살피기 위해 지원자의 발표력이 얼마나 뛰어난지를 평가할 것이다.

■ 도난된 것인지의 여부도 확인하기 어렵다. (도난된 것인지도.)

◐ 도난된 것인지도 확인하기 어렵다.

■ 일부 마사지 숍 등에서 단순히 체지방 등을 활용해 비만인지 아닌지 여부를 판단해 '진단' 한다. ('비만인지 아닌지' 와 '여부' 는 완벽한 중복이다. '비만 여부를' 또는 '비만인지(를)' 로 바꾸는 것이 좋다.)

◐ 일부 마사지 숍 등에서 단순히 체지방 등을 활용해 비만인지를 판단해 '진단' 한다.

■ 선거의 후보 선정과 당락 여부는 정치적인 문제로 유권자가 판단할 문제이므로 특정 시민단체가 후보의 자격 여부를 거론하는 것은… ('여부' 가 두 개나 나온다. '당락' 속에 이미 '여부' 라는 뜻이 들어 있으니까當=與, 落=否 '당락은' 으로 충분하며, '자격 여부를' 은 그냥 '자격을' 이면 된다.)

◐ 선거의 후보 선정과 당락은 정치적인 문제로 유권자가 판단할 문제이므로 특정 시민단체가 후보의 자격을 거론하는 것은…

■ 그 진위 여부는 숙제로 남게 됐다. ('당락 여부' 와 구조가 똑같다. '성패 여부' 도 마찬가지.)

◐ 그 진위는 숙제로 남게 됐다.

또 다른 구문으로 '-ㄴ가(의) 여부' 가 있다. '-ㄴ가' 는 본디 연결어미가 아니라 종결어미다. '-ㄴ가' 를 연결어미 '-ㄴ지' 로 바꾸거나 구문을 조절해야 한다.

Q 다음 문장을 자연스럽게 고치시오.

1. 회사는 사건 관련자의 유무 여부를 확인해 법률적 · 행정적 조치를 할 예정이다.
2. 이 지역의 공천이 누구에게로 돌아갈 것인지 여부가 뜨거운 감자로 부상하고 있다.

A

1. 회사는 사건 관련자의 유무를 확인해 법률적 · 행정적 조치를 할 예정이다.
2. 이 지역의 공천이 누구에게로 돌아갈 것인지가 뜨거운 감자로 부상하고 있다.

35

'멋대로 동사'들을 어찌할까

'바탕하다, 기반하다, 승부하다' 등은
흔히 사용하는 단어지만 사전에 올라 있지 않다.

접미사 '하다'는 전성轉成 기능이 있다. 낱말(주로 명사)을 동사나 형용사로 바꾸어 준다. 그렇다고 아무 데나 가서 붙는 건 아니다. '사람하다, 책상하다, 설날하다, 자유하다, 민주하다, 정의하다' 같은 말은 없다.

우리는 어떤 말에 '하다'가 따를 수 있는지를 대체로 안다. 하지만 '대체로' 그렇다. 언어 본능이나 경험에 바탕을 둔 판단이 빗나가는 수가 많다.

■ 흉성에 바탕한 박효신의 시원한 창법과 신현권 등의 능란한 반주가 잘 어울린다. ('바탕하다'라는 동사는 없다. '~에 바탕을 둔' '~을 바탕으로 한'이다.)

➲ 흉성에 바탕을 둔 박효신의 시원한 창법과 신현권 등의 능란한 반주가

잘 어울린다.

■ 한 · 미 양국이 신뢰 기반을 확고히 하면서 공동의 가치와 전략적 이해 목표에 기초해 동맹을 창조적으로 발전시켜 나갈 필요가 있다. (이 문장에 쓰인 뜻으로 '기초하다' 동사는 없다. '기초起草하다'라면 몰라도. '공동의 가치와 전략적 이해 목표에 따른'이나 '공동의 가치와 전략적 이해 목표를 기준으로 한'이 어떨지.)

➲ 한 · 미 양국이 신뢰 기반을 확고히 하면서 공동의 가치와 전략적 이해 목표에 따른 동맹을 창조적으로 발전시켜 나갈 필요가 있다.

■ 민노당만이 노동자 계급에 기반한 한국 초유의 진보정당이라고 자부하고 있다. ('기반을 둔'으로 고쳐 쓰는 게 좋다. '바탕, 뿌리'에도 '하다'를 붙이는 경우가 많지만 '바탕을 둔' '뿌리를 둔'이 자연스럽다.)

➲ 민노당만이 노동자 계급에 기반을 둔 한국 초유의 진보정당이라고 자부하고 있다.

■ 정당이 지역을 근거한 보스 1인의 사당이 되고 가신 정치가 판을 치는 이런 정치는 안 된다는 소리가 드높다. ('특정 지역을 근거로(기반으로) 한' '특정 지역에 근거를 둔.')

➲ 정당이 특정 지역을 근거로 한 보스 1인의 사당이 되고 가신 정치가 판을 치는 이런 정치는 안 된다는 소리가 드높다.

위에 예로 든 단어를 살펴보자. 바탕 · 기초 · 기반 · 자리 · 근거 · 토대 · 뿌리…. 뜻이 어슷비슷함을 알 수 있다. 이 어군語群을 포함해 '움직임' 을 담지 않거나 '사건 · 사태, 과정, 정신 작용' 을 뜻하지 않는 명사는 대부분 '하다' 를 붙이지 않는다. '승부하다, 기능하다, 증거하다' 도 마찬가지다.

물론 논란은 있다. 국립국어원은 『표준국어대사전』에서 '기초하다, 근거하다, 토대하다' 를 표준어로 인정했다. '정의에 기초한, 사실에 근거해, 시대정신에 토대해' 등의 예문을 실었다. 반면 '실력을 바탕한, 원칙에 기반한, 논란에 뿌리한' 등의 형태는 아직 인정하지 않고 있다. 언어 습관의 변화를 부분적으로 받아들인 것이다.

'하다' 와 관련된 것을 하나 더 보자.

■ 만화는 기사와 달라 구구절절한 사연을 그림 속에 다 집어넣을 수 없다. ('구구절절句句節節하다' 라는 형용사는 없다. '절절切切하다' 와 착각하기 쉽다.)

◆ 만화는 기사와 달라 절절한 사연을 그림 속에 다 집어넣을 수 없다.

■ 급발진을 삼가하면 연료를 10% 절약할 수 있다. (으뜸꼴이 '삼가다'니까 '삼가면' 이 맞다.)

◆ 급발진을 삼가면 연료를 10% 절약할 수 있다.

Q 다음 문장을 자연스럽게 고치시오.

1. 드 뫼롱은 "우정을 기반해서 함께 일을 한다는 건 매우 특별한 경험"이라고 말했다.
2. 현대는 개성과 창의력에 바탕한 마음의 경제 시대, 신뢰의 리더십 시대이다.

A

1. 드 뫼롱은 "우정을 기반으로 해서 함께 일을 한다는 건 매우 특별한 경험"이라고 말했다.
2. 현대는 개성과 창의력을 바탕으로 한 마음의 경제 시대, 신뢰의 리더십 시대이다.

36

잉글리시 또 잉글리시…

글을 읽는 사람이 무슨 뜻인지 모를 정도로
영어를 많이 섞어 쓰는 것은 문제다.

영어를 전혀 넣지 않고 글을 쓰기란 쉽지 않다. 카센터, 심부름센터에 주민자치센터까지 온갖 센터가 생활 주변에 널려 있을 정도이니 말이다. 세계화 · 정보화 시대에 영어를 많이 쓰는 것을 거부할 수만은 없다. 시류이고 대세다. 사실 영어를 적절하게 섞으면 뜻이 잘 이해되는 경우가 있다. 게다가 유식해 보이기까지 하니 유혹을 떨치기가 쉽지 않다.

하지만 그 '정도'가 문제다. 글을 읽는 사람이 무슨 뜻인지 모를 표현이 지나치게 자주 눈에 띈다. 특히 패션과 관련된 글이 그렇다.

- 입체적인 패턴과 드레이핑, 오트 쿠튀르적인 디테일에 럭셔리한 소재가 더해진 웨딩드레스는 정숙한 여성미를 한껏 뽐낸다. 세련된 엠파이어 라인, 몸에 꼭 맞는 실루엣과 벌룬스커트의 백 오픈 디자인 등은 고급스러움과 섹시함을 동시에 살려 준다. (시중 은행의 사외보에 실린 글이다. 마치 난수표를 읽는 기분이다.)
- 화이트 스타일링 법칙의 첫 번째는 비비드한 컬러 포인트를 활용하는 것이다. ('화이트 스타일링 → 흰색 옷으로 멋내기' '비비드한 → 밝고 경쾌한' '컬러 포인트 → 색상' 으로 바꾸면 덜 세련돼 보일까.)
- "불황이 두려운가, 하이 컨셉트를 찾아라." ('하이 컨셉트' 를 '감성 가치, 문화 예술적 가치' 로 바꾸면 이해가 쉽다.)
- '탑 프루트' 과일 부문 전국 대상 수상, 상주 문장대 포도 (서울의 지하철에 붙은 광고 문구다. '탑 프루트' 를 아예 'Top Fruit' 로 바꾸자.)

영어를 어간으로 한 동사도 자주 보인다. 대표적인 게 '오픈하다' 다.

- 동양종합금융증권은 최근 3개월간 업계에서 가장 많은 16개의 지점을 추가로 오픈하는 등 공격적인 행보를 보였다.
- 올해 말 오프라인 학원 3개를 오픈할 계획이다.

'개장했다' 나 '열었다' 대신에 굳이 '오픈했다' 고 쓸 까닭이 없다. 더 고급스럽지도, 적합하지도 않다.

- …학생들의 정보화 마인드 고양에 앞서가고 있다.

■ 실리콘 밸리와 정보기술IT 산업의 트렌드를 살피기 위해…

'마인드'는 '의식/ 정신/ 마음/ 의지/ 사고/ 사고 방식'이고, '트렌드'는 '흐름/ 추세/ 동향/ 경향/ 대세/ 유행'이다. 일상화한 말이라고 넘겨 버리지 말자. '라디오'나 '텔레비전'처럼 대체할 말이 없다면 몰라도. 가급적 쉽고 아름다운 우리말을 애용하자. 겉멋에 들떠 영어를 섞어 쓰는 것보다 세련돼 보일 수 있다.

Q 다음 문장을 자연스럽게 고치시오.

1. 그런 마인드로는 절대 성공하는 기업을 만들 수 없습니다.
2. 새로운 트렌드를 주도하는 차별화된 제품을 지속적으로 출시할 예정이다.
3. 토즈는 상류층 여성들이 선호하는, 셀러브리티들이 가장 사랑하는 브랜드가 되었다.

A

1. 그런 정신으로는 절대 성공하는 기업을 만들 수 없습니다.
2. 새로운 흐름(경향)을 주도하는 차별화된 제품을 지속적으로 출시할 예정이다.
3. 토즈는 상류층 여성들이 선호하는, 저명 인사들이 가장 사랑하는 브랜드가 되었다.

37
'접하다'와 거리를 두자

'접하다'는 '보다, 듣다, 읽다, 받다' 등의
구체적인 말로 바꾸는 게 낫다.

'접接하다'에는 여러 가지 뜻이 있다. 먼저 '우리나라는 삼면이 바다에 접해 있다'에서 처럼 '이어서 닿다'는 의미다. '무녀가 신神을 접하다' '선이 원과 한 점에서 접할 때…' 라고 할 때도 쓴다.

더 추상적으로 쓰일 때도 있다. 예를 들어, '서양의 문물을 접했다'에서의 '접했다'에는 보고 듣고 읽고 느끼는 행위와 과정이 뭉뚱그려져 있다. '문물'처럼 복잡하고 추상적인 대상을 언급할 때 '접하다'만큼 요긴한 단어도 없을 것이다. 귀족적인 단어라고 할까. 그래서인지 입말과는 잘 어울리지 않는다.

'귀한' 단어는 귀하게 써야 마땅함에도 잡지 · 신문에서 너무 자주 등장한다. 대부분 '보다, 듣다, 읽다, 받다, 만나다, 부닥치다, 닿다' 같은 구체적인 말로 바꾸는 게 낫다.

■ 학생들이 세계 수준의 강의를 접하고, 교수들 밑에서 상상력과 창조력을 키워야만 더 넓은 삶의 방식을 꾸려 갈 수 있다. (강의를 '듣고'이다.)

➲ 학생들이 세계 수준의 강의를 듣고, 교수들 밑에서 상상력과 창조력을 키워야만 더 넓은 삶의 방식을 꾸려 갈 수 있다.

■ 지난해 이즈음 부산 소년의 집 오케스트라가 베토벤의 「운명교향곡」을 연주하는 것을 접하고, 자신들의 운명을 타고 넘는 그들의 모습에 감동했던 기억이 아직도 새롭다. ('듣고' 또는 '감상하고.')

➲ 지난해 이즈음 부산 소년의 집 오케스트라가 베토벤의 「운명교향곡」을 연주하는 것을 듣고, 자신들의 운명을 타고 넘는 그들의 모습에 감동했던 기억이 아직도 새롭다.

■ 어린이들이 쉽고 친근하게 클래식을 접하도록… (표현을 바꾸자. '고전 음악과 쉽게 친근해지도록.')

➲ 어린이들이 고전 음악과 쉽게 친근해지도록…

■ 인터넷을 통해 중소기업청에서 대행료 없이 서비스를 지원해 준다는 정보를 접하고 센터에 전화를 걸었다. (정보를 '알고.')

➲ 인터넷을 통해 중소기업청에서 대행료 없이 서비스를 지원해 준다는

정보를 알고 센터에 전화를 걸었다.

■ 백 선수의 안타까운 사연을 언론을 통해 접하고 격려금을 전달하도록 김 회장이 지시했다. ('전해 듣고.')

➲ 백 선수의 안타까운 사연을 언론을 통해 전해 듣고 격려금을 전달하도록 김 회장이 지시했다.

■ 통영의 멸치를 접하고 울먹이던 노음악가의 모습에… (멸치 선물을 받고 울먹였다는 얘기다. '받고' 나 '보고(보며)' 따위를 쓰면 된다.)

➲ 통영의 멸치를 받고 울먹이던 노음악가의 모습에…

■ 아기가 엄마 젖을 떼고 처음 접하는 이유식부터… (이유식은 '먹는' 것 아닌가.)

➲ 아기가 엄마 젖을 떼고 처음 먹는 이유식부터…

■ 부르뎅은 2학년 때 우연히 한국어를 접하게 됐다. (뜻에 따라 '알게' 나 '배우게.')

○ 부르뎅은 2학년 때 우연히 한국어를 배우게 됐다.

■ 나이 많은 고객을 접할 때 자신을 낮출 필요가 있을 경우 부장 명함을 쓴다. (만나야 명함을 주지. '만날.')

○ 나이 많은 고객을 만날 때 자신을 낮출 필요가 있을 경우 부장 명함을 쓴다.

Q 다음 문장을 자연스럽게 고치시오.

1. 시민들이 문화재를 더 가깝게 접하고 나아가 직접 관리하도록 하는 방향으로 정책 패러다임을 바꿔야 한다.
2. 이들 중 44%가 인터넷을 이용하다가 주식을 처음 접하게 됐다고 밝혔다.

A

1. 시민들이 문화재를 더 가깝게 보고(감상하고) 나아가 직접 관리하도록 하는 방향으로 정책 틀을 바꿔야 한다.
2. 이들 중 44%가 인터넷을 이용하다가 주식을 처음 알게(거래하게) 됐다고 밝혔다.

38
'부터'와 '까지'의 함정

어떤 일의 시작을 알리는 내용과
'부터'는 어울리지 않는다.

다음 두 문장을 읽고 무엇을 바로잡아야 할지 잠깐 생각해 보자.

- 1 · 21사태 직후 폐쇄돼 일반인의 통행이 제한됐던 북한산 우이령길의 통행이 1일부터 재개됐다.
- 전국의 병 · 의원들이 30일부터 무기한 집단 휴진에 돌입키로 하고…

대부분이 답을 알아챘을 것이다. '부터'가 잘못 쓰였다. '재개됐다' '돌입키로 하고'에는 시작의 개념이 포함돼 있다. '시작'은 특정한 시점이나 지점에서 어떤 행위나 상태가 비롯함을 뜻한다. 방금 나는 글쓰기를 시작했고, 10분 뒤의

나는 10분 전에 이미 시작한 글쓰기를 '하고 있는 중'일 것이다.

이와는 달리 '~부터' 같은 말은 시간이 미치는 '범위'를 함축한다. '시작'은 점點을, '부터'는 선線의 맨 앞부분을 가리킨다고 할까.

따라서 위의 두 예문에선 조사 '부터'를 빼야 한다. 어떤 일의 시작을 알릴 때 상투적으로 '부터'를 쓸 때가 많다. 사족이 아닐 수 없다. 예문을 더 보자.

■ 승차권 예매는 오전 8시부터 시작되며… ('8시에 시작하며'다. '시작되며'도 능동형으로 고쳤다. 아니면 '부터'를 살려 '승차권은 해당일 오전 8시부터 예매하며.')

➲ 승차권 예매는 오전 8시에 시작하며…

■ 신인 미술작가의 등용문인 ○○미술대전이 4월 3일부터 6일까지 접수를 시작한다. (심각하게 꼬인 글이다. '4월 3일(에) 접수하기 시작해 6일(에) 마감한다'는 뜻일 텐데 '접수를 3일간 시작한다'가 돼 버렸다. '시작'을 빼고 흐름이 자연스럽게 '작품을'이나 '응모작을'이란 말을 넣어 '4월 3일부터 6일까지 작품(응모작)을 접수한다'로 바꿔야겠다. 또는 '4월 3~6일 작품(응모작)을 접수한다'로.)

➲ 신인 미술작가의 등용문인 ○○미술대전이 4월 3일부터 6일까지 작품을 접수한다.

■ 공식 선거기간이 시작되는 28일부터 유세 현장에 나타날 총선 후보들의 이미지 마스크. (제대로 쓴 예다. '시작'과 '부터'가 함께 나왔지만 여기선 '부터'가 뒤에 나오는 '나타날'에 이어지는 것이다.)

'부터 시작' 어구보다 조금 더 까다로운 게 '이후부터'다.

■ 로마 몰락 이후부터 중세까지 1,000년을 시대적 배경으로 하고 있으며… (아주 자연스러워 보이는 표현이다. 하지만 '로마 몰락 이후부터'라 하면 몰락한 바로 그때부터인지 몇십 년, 몇백 년 뒤부터인지 알 수 없다. '이후'는 일정한 때가 아니고 '범위'여서 숱한 시점을 안고 있기 때문이다. '로마 몰락 이후'나 '로마가 몰락한 때부터'로 바루어야겠다.)

➲ 로마가 몰락한 때부터 중세까지 1,000년을 시대적 배경으로 하고 있으며…

■ 시는 7월 이후부터 분리수거에 응하지 않는 가구에 대해 5만~10만 원의 과태료를 부과할 방침이다. ('7월 이후(엔)' 나 '7월부터(는)'. 괄호 속의 조사는 문장이 놓인 맥락에 따라 넣거나 뺀다.)

➲ 시는 7월 이후엔 분리수거에 응하지 않는 가구에 대해 5만~10만 원의 과태료를 부과할 방침이다.

'이후부터' 의 논리는 당연히 '이전까지' 에도 적용된다.

■ 반달가슴곰은 해방 전까지만 해도 곳곳의 산악에서 자주 목격됐으나… ('전까지' 라 하면 언제까지인지 기준 시점이 아리송해진다. '해방 전(에)만 해도' 나, 더 줄여 '해방 전에는' 쯤으로 해야겠다.)

➲ 반달가슴곰은 해방 전에만 해도 곳곳의 산악에서 자주 목격됐으나…

■ 외환위기 이전까지만 해도 일반 은행 중에 정부가 주식을 갖고 있는 은행은 국민은행과 주택은행 두 곳뿐이었다. ('이전(에)만 해도' 나 '이전에는'.)

➲ 외환위기 이전에만 해도 일반 은행 중에 정부가 주식을 갖고 있는 은행은 국민은행과 주택은행 두 곳뿐이었다.

이 밖에 '연말 이전까지' 는 '연말까지' 나 '올해 안에' 로, '~법 발효 전까지' 는 '~법이 발효할 때까지' 로 바루자.

Q 다음 문장을 자연스럽게 고치시오.

1. 국립대 전환을 눈앞에 두고 있는 인천대가 30년간의 도화동 시대를 접고 9월부터 송도로 옮겨 간다.
2. 국회의원 선거에 출마한 김 후보자에겐 9~11일까지가 중요하다.

A

1. 국립대 전환을 눈앞에 두고 있는 인천대가 30년간의 도화동 시대를 접고 9월 송도로 옮겨 간다.
2. 국회의원 선거에 출마한 김 후보자에겐 9일부터 11일까지가 중요하다.

39

'화化'를 조화롭게 쓰려면

'하다'를 붙여 동사나 형용사를 만들 수 없는 명사에만 '-화하다'를 달 수 있다. '조직'은 예외로 인정된다.

언필칭 '광속光速 시대'여서인가. '가속화'란 말이 날마다 지면에 등장한다.

- 치열한 글로벌 경쟁이 가속화될수록 경제적 자본과 인적 자본만으로는 세계 무대에서 지속적인 경쟁 우위를 차지하기 어렵다.
- 패션 대기업들이 글로벌 경영을 가속화하고 있다.
- 하이닉스는 생산 공장의 구조조정을 당초 일정보다 가속화하여 수익성과 현금 흐름 등을 개선할 계획이다.

속도 얘기를 하자는 게 아니다. 이번에 얘기하려는 건 '화'다. 모두 빼는 것이 옳다. '가속하다'가 타동사이자 자동사이므로 첫째 예문의 '가속화될수록' 은 피동형 대신에 능동형 '가속할수록' 으로 고칠 수도 있다.

'무슨 소리야?' 하고 반문하는 사람이 있을 것이다. 원칙을 알아보자. 명사 다음에 붙는 접미사 '화化하다' 는 한자를 보면 알 수 있듯, '~해지다' '~로 되다' '~가 되다' '~가 되게 하다' 라는 뜻이다. 그래서 '-화化하다' 는 글의 맥락에 따라 '무엇이 어떻게 되다(되어 가다)' 라는 자동사 구실도 하고, '무엇을 어떻게 되게 하다' 라는 타동사 노릇도 한다.

그렇다면 어떤 명사에 '화하다' 를 다는 걸까. '하다' 를 붙여 용언(동사나 형용사)을 만들 수 없는 말, 예를 들어 '산업 · 공업 · 민주 · 도시 · 기계 · 구체 · 보편 · 일반 · 인격 · 사회 · 국가 · 세계 · 국제 · 문제 · 단체 · 법인 · 영화 · 소설 · 폐허 · 체질 · 본격' 같은 말이다. 이와 달리 위의 '가속' 은 '가속하다' 라는 동사가 엄연히 있으므로 '화' 를 붙일 수 없다. 예외는 있다. 쉽게 생각나는 것으로, '조직화' 는 '조직하다' 라는 동사가 있는데도 그 쓰임을 인정한다.

그러나 '하다' 를 붙여 형용사가 되는 말엔 '-화하다' 를 쓰면 안 된다. 오용례는 숱하다. '불량화하다' '강대화하다' '비대화하다' '노후화하다' …. 이런 경우는 대부분 '화하다' 를 '해지다' 나 '하게 하다' 로 바꿔 써야 한다.

■ 해병대는 사고 원인 조사 결과를 토대로 우선적으로 노후화된 13개 초소를 신축할 계획이다.('노후한' 또는 '노후해진'.)

➲ 해병대는 사고 원인 조사 결과를 토대로 우선적으로 노후해진 13개 초소를 신축할 계획이다.

잘못 쓴 '-화하다'보다 더 우스꽝스러운 것은 '-화되다/화시키다'다. '화化' 자체가 이미 '~(하게) 된다'는 뜻 아닌가. '-화하다'는 딱딱한 표현이다. 꼭 필요한 경우 말고는 다른 자연스러운 말로 대체하는 것이 좋다.

Q 다음 문장을 자연스럽게 고치시오.

1. 대법원이 예산 · 인사 · 기획 등 행정업무를 총괄하는 법원행정처의 행정업무 자리에 판사들을 대거 앉히면서 비대화됐다는 지적을 받아 왔다.

2. 지방의 부농이 강대화한 것이 호족豪族이다.

A

1. 대법원이 예산 · 인사 · 기획 등 행정업무를 총괄하는 법원행정처의 행정업무 자리에 판사들을 대거 앉히면서 비대해졌다는 지적을 받아 왔다.

2. 지방의 부농이 강대해진 것이 호족豪族이다.

40
무엇이 어디에 걸리지?

문장 요소를 빠뜨리지 않고, 잘 배열해야 의미를 제대로 전달할 수 있다.
앞뒤가 제대로 조응하지 않으면 이해하기 힘들다.

문장 만들기는 집을 짓는 일과 비슷하다. 기둥 · 들보 · 도리 · 서까래들이 빈틈없이 서로 받치고 버티고 이어줘야 한다. 입말에서는 문장 요소를 좀 어긋나게 배열하거나 일부를 빠뜨려도 별 탈이 없지만, 글은 다르다. '어문 일치'란 원칙은 말하듯이 대충 쓰라는 얘기가 아니다. 읽는 이가 그냥저냥 뜻을 이해하면 그만 아니냐고 생각하지 말자. 앞뒤가 제대로 조응하지 않는 문장이 많다.

■ 이런 책들은 통조림화한 지식이기에 신선도가 낮을 뿐 아니라 푹 고아 우려낸 곰탕국처럼 깊은 맛도 기대하기 힘들다. (푹 고아 우려낸 곰탕국에서 깊은 맛을 기대하기 힘들다? '푹 고아 우려낸 곰탕국에서 느

낄 수 있는 깊은 맛도 기대하기 힘들다' 로 고쳐야 오해가 없다.)

○ 이런 책들은 통조림화한 지식이기에 신선도가 낮을 뿐 아니라 푹 고아 우려낸 곰탕국에서 느낄 수 있는 깊은 맛도 기대하기 힘들다.

■ 김 실장님께 잘 보이는 방법은 인사를 잘하고 비품을 함부로 만져 고장 내지 않는 것이다. (비품을 함부로 만지고도 고장 나지 않도록 하는 것은 매우 어렵다. '…비품이 고장 나지 않도록 함부로 만지지 않는 것이다' 의 뜻일 게다.)

○ 김 실장님께 잘 보이는 방법은 인사를 잘하고 비품이 고장 나지 않도록 함부로 만지지 않는 것이다.

■ 어머니를 장례 치른 후 유골은 5년 전 돌아가신 아버님과 함께 집 근처 납골당에 모셨다. (얼핏 돌아가신 아버님이 환생해 필자와 함께 어머니의 유골을 납골당에 모신 것처럼 보인다. '아버님의 유골과 함께' 로 해야.)

○ 어머니를 장례 치른 후 유골은 5년 전 돌아가신 아버님의 유골과 함께 집 근처 납골당에 모셨다.

■ 캐나다로 망명해 친북 활동을 했던 고 최홍희 국제태권도연맹 전 총재의 아들 최중화 씨가 귀국한다. (캐나다로 망명해 친북 활동을 했던 사람이 최홍희 씨인지, 최중화 씨인지 헷갈린다. 아예 두 문장으로 나누자.)

○ '고 최홍희 국제태권도연맹 전 총재의 아들 최중화 씨가 귀국한다. 최홍희 씨는 캐나다로 망명해 친북 활동을 한 인물이다.'

■ 네덜란드의 수영 스타 호헨반트는 남자 자유형 100m 결승에서 3회 연속 우승에 실패한 뒤 은퇴를 선언했다. (두 번 우승하고 세 번째 우승에 실패했다는 것인지, 세 번 연달아 우승하지 못했다는 것인지 모호하다. '남자 자유형 100m 결승에서 두 번 연달아 우승했으나, 세 번째 우승에 실패한 뒤 은퇴를 선언했다'의 뜻이다.)

➲ 네덜란드의 수영 스타 호헨반트는 남자 자유형 100m 결승에서 두 번 연달아 우승했으나, 세 번째 우승에 실패한 뒤 은퇴를 선언했다.

■ 최 판사가 감정적으로 대립한 원고와 피고를 판사실로 불러 조정을 시도했다. (최 판사가 원·피고와 감정적으로 대립한 것으로 비춰질 수 있다. '감정적으로 대립한 원고와 피고를 최 판사가 판사실로 불러'로.)

➲ 감정적으로 대립한 원고와 피고를 최 판사가 판사실로 불러 조정을 시도했다.

■ 며칠 전 자동차 검사소로 지정된 한 공업사를 찾아갔다. (공업사를 찾아간 것이 며칠 전이라면 '며칠 전'을 '찾아갔다' 앞으로 옮기자.)

○ 자동차 검사소로 지정된 한 공업사를 며칠 전 찾아갔다.

Q | 다음 문장을 자연스럽게 고치시오.

1. 8일 오후 실종된 어린이집 여교사 이모 씨의 시신이 발견된 제주시 애월읍 고내봉 인근 배수로에서 경찰이 수사를 벌이고 있다. (시신이 발견된 것이 8일 오후인 경우.)

2. 진학 실적이 좋지 않은 사립학교 교장은 물러나거나 고3 담임을 맡지 못하는 경우도 있다.

A

1. 실종된 어린이집 여교사 이모 씨의 시신이 발견된 제주시 애월읍 고내봉 인근 배수로에서 8일 오후 경찰이 수사를 벌이고 있다.

2. 진학 실적이 좋지 않은 사립학교 교장이나 고3 담임은 책임을 지고 물러나는 경우도 있다.

41
주인공과 장본인

단순한 인물이 아니라 부각해야 할 사람에게 '주인공'을 붙여야 한다.
'장본인'은 나쁜 일을 빚어낸 사람에게 쓰는 것이 맞다.

주인공主人公은 '소설 · 희곡 · 영화 등의 중심인물' '어떤 일에서 중심이 되거나 주도적인 역할을 하는 사람'을 이른다. '드러나지 아니한 관심의 대상'을 가리키기도 한다("그 고운 목소리의 주인공은 누구인가."). 이렇듯 대상을 또렷이 부각하는 말이기 때문에 단순히 '사람(인물)'이란 뜻으로 아무 데나 써선 안 된다.

■ 상사화를 주인공으로 한 '불갑산 상사화 축제'가 지난 21일까지 전남 영광에서 열렸다. (주인공은 사람에게만 해당된다. '주제로 한'이 좋다.)

◐ 상사화를 주제로 한 '불갑산 상사화 축제'가 지난 21일까지 전남 영광

에서 열렸다.

■ 국무총리는 시선을 시종일관 연단 위의 답변서에 고정시키고 있었다. 답변서를 쓴 주인공은 이날 새벽부터 국회 본관 233호실에 모여 있던 총리실 직원들. (대필한 사람에게 '주인공' 표현은 걸맞지 않다. 둘째 문장을 '답변서는 총리실 직원들이 이날 새벽부터 국회 본관 233호실에서 작성한 것이다' 쯤으로 고치자.)

◎ 국무총리는 시선을 시종일관 연단 위의 답변서에 고정시키고 있었다. 답변서는 총리실 직원들이 이날 새벽부터 국회 본관 233호실에서 작성한 것이다.

■ 서울시는 매달 칭찬 홈페이지에 추천된 칭찬 주인공 중 추천 득표수가 가장 많은 주인공을 뽑아 상을 주기로 했다. (칭찬받는 사람을 '칭찬 주인공'이라 한 것은 껄끄럽다. '칭찬 주인공' → '사람(들)' '주인공을 뽑아' → '사람에게(이에게)'로 고치는 게 좋겠다.)

◎ 서울시는 매달 칭찬 홈페이지에 추천된 사람들 중 추천 득표수가 가장 많은 사람에게 상을 주기로 했다.

■ 시드니행 티켓의 주인공을 10~100명씩 뽑고 있다. ('공'을 빼어 보라.)

◎ 시드니행 티켓의 주인을 10~100명씩 뽑고 있다.

■ C조는 유고-스페인, 노르웨이-슬로베니아전에 따라 8강의 주인공이 결정된다. ('8강이'나 '8강 팀이.')

◎ C조는 유고-스페인, 노르웨이-슬로베니아전에 따라 8강 팀이 결정

된다.

주인공의 사촌뻘 되는 말이 '장본인張本人'이다. 이 말의 용법에 관해서는 주장이 엇갈린다. 우선 '어떤 일을 꾀하여 일으킨 바로 그 사람'이라는 중립적인 풀이에 따라, 좋은 일이든 나쁜 일이든 주동이 됐거나 될 사람을 이른다는 견해가 있다. 그래서 '집안을 이끌 장본인, 결혼할 장본인, 물의를 일으킨 장본인'이 모두 바르다는 것이다. 그러나 다른 쪽에서는 이 말을 좋지 않은 일에만 쓰자고 한다. 어떤 사전은 아예 '나쁜 일을 빚어낸 바로 그 사람'이라고만 풀이했다. 요즘은 거의 뒤의 용법으로 사용된다.

■ 짧은 단발머리를 유행시킨 장본인이기도 한 빅토리아는 짧은 헤어스타일 때문에 여실히 드러나는 목주름에 여간 콤플렉스를 느끼고 있지 않다. ('장본인이기도 한' 이 없어도 상관없다.)

○ 짧은 단발머리를 유행시킨 빅토리아는 짧은 헤어스타일 때문에 여실히 드러나는 목주름에 여간 콤플렉스를 느끼고 있지 않다.

■ e베이를 세계 최대 전자상거래 업체로 키운 장본인으로 평가받은 휘트먼은 현재 존 매케인 공화당 대선후보를 돕고 있다. ('장본인으로' 대신 '것으로.')

○ e베이를 세계 최대 전자상거래 업체로 키운 것으로 평가받은 휘트먼은 현재 존 매케인 공화당 대선후보를 돕고 있다.

■ 1990년대 중반 '쇼큐멘터리'를 도입한 장본인이기도 한 폭스 TV는…
(회사가 '장본인'? 빼어 버리자.)

○ 1990년대 중반 '쇼큐멘터리'를 도입한 폭스 TV는…

Q 다음 문장을 자연스럽게 고치시오.

1. 그는 닌텐도 게임이 한국에서도 이처럼 빨리 유저들의 사랑을 받을 수 있게끔 한 장본인이다.
2. 시골 농촌학교가 명문대 합격자를 대거 배출해 화제다. 주인공은 전북 익산시 금마면 동고도리에 있는 익산고등학교.

A

1. 그는 닌텐도 게임이 한국에서도 이처럼 빨리 유저들의 사랑을 받을 수 있게끔 한 주인공이다.
2. 시골 농촌학교가 명문대 합격자를 대거 배출해 화제다. 전북 익산시 금마면 동고도리에 있는 익산고등학교가 그곳이다.

42
'화제'와 '눈길'을 강요하지 말라

특별한 경우가 아니면 '눈길을 끌다' '관심을 모으다' '주목된다' 등의 상투 어구를 쓰지 않는 것이 오히려 세련돼 보인다.

대중 매체는 독자들이 관심을 갖는 주제이거나 알아 두어야 할 사안 등을 보도한다. 이건 미디어와 독자 간의 암묵적인 약속이자 기사 가치를 판단할 때의 대전제다. 그래서 새삼스럽게 '~이라는 중요한 사항을 발표했다'는 식의 군더더기를 넣을 필요가 없다. 중요하거나 눈길을 끄는 게 아니라면 보도하지 않아야 하기 때문이다.

'~해서 화제다(눈길을 끈다, 관심을 끈다, 주목된다)' 류의 상투 어구는 가급적 쓰지 않는 것이 좋다. 촌스럽게 보인다.

■ 한류 스타 송승헌이 일본 매니지먼트사로부터 3년 계약에 200억 원이라는 거액의 계약금을 제시받았으나 거절해 화제다. ('거절했다'고 하

면 뜻이 더 강해진다.)

○ 한류 스타 송승헌이 일본 매니지먼트사로부터 3년 계약에 200억 원 이라는 거액의 계약금을 제시받았으나 거절했다.

■ 미국 아이다호주에서 열린 '돼지 부르기' 대회에서 '베이컨'이라는 성을 가진 여성이 우승을 차지해 화제다. ('차지했다'로 충분하다.)

○ 미국 아이다호주에서 열린 '돼지 부르기' 대회에서 '베이컨'이라는 성을 가진 여성이 우승을 차지했다.

아래 예들도 모두 '화제' 부분을 빼면 된다.

■ 지난 베이징 올림픽에 이어 프로야구에서도 휴대폰 메시지가 새로운 응원 도구로 각광받고 있어 화제다.

○ 지난 베이징 올림픽에 이어 프로야구에서도 휴대폰 메시지가 새로운 응원 도구로 각광받고 있다.

■ 이번 뮤직비디오에서는 깊은 음색을 자랑하는 하동균의 감성적인 노래와 함께 그간에 공개되지 않았던 '비몽'의 영상이 공개돼 눈길을 끈다.

○ 이번 뮤직비디오에서는 깊은 음색을 자랑하는 하동균의 감성적인 노래와 함께 그간에 공개되지 않았던 '비몽'의 영상이 공개됐다.

■ 올해 세수입 중 그동안 감소세나 소폭의 증가세를 보이던 주세 수입이 급증한 것으로 나타나 눈길을 끌었다. ('나타났다'면 된다.)

○ 올해 세수입 중 그동안 감소세나 소폭의 증가세를 보이던 주세 수입이

급증한 것으로 나타났다.

■ 최근 우리 사회의 성性 가치관이 급속히 무너져 가고 있는 가운데 부산의 한 대학이 캠퍼스 순결서약 운동을 대대적으로 펼쳐 눈길을 끌고 있다. ('펼치고 있다'로 끝내자.)

◐ 최근 우리 사회의 성性 가치관이 급속히 무너져 가고 있는 가운데 부산의 한 대학이 캠퍼스 순결서약 운동을 대대적으로 펼치고 있다.

다음은 이런 유의 말을 제대로 사용한 리드다.

■ 여자 화장실 부족으로 인한 여성들의 고통이 사회적 관심사로 떠오르면서 전국에 여자 화장실 혁신 물결이 일고 있다.

■ 충북 괴산군 증평읍 삼보초등학교에서 열린 졸업식에 졸업생들이 한복을 곱게 차려입고 참석해 눈길을 끌었다.

Q 다음 문장을 자연스럽게 고치시오.

1. 서울의 한 운전기사가 시내버스의 난폭 · 불법 운행을 고쳐 보겠다며 팔을 걷어붙이고 나서 눈길을 끈다.
2. 이종업종 간 제휴 및 공동 마케팅을 통해 불황을 극복하려는 시도가 늘고 있어 눈길을 끈다.

A

1. 서울의 한 운전기사가 시내버스의 난폭 · 불법 운행을 고쳐 보겠다며 팔을 걷어붙이고 나섰다.
2. 이종업종 간 제휴 및 공동 마케팅으로 불황을 극복하려는 시도가 늘고 있다.

43

'다르다'와 '틀리다'는 다르다

'다르다'는 영어로 'different'이고,
'틀리다'는 'wrong'이다.

형용사 '다르다'와 맞서는 말이 뭔가? '같다'다. 동사 '틀리다'의 반대말은? 그야 '맞다' 아닌가. 간단히 말해 '다르다'는 '같지 않다'는 뜻이고, 일반적으로 '틀리다'는 '맞지 않다'는 뜻이다. 이처럼 쉬운 것을 왜 굳이 따지고 드는지 의아스럽다면, 아래를 보자.

■ 반대의견Contrary Opinion기법이란 '대중은 항상 틀리다'는 가정하에 모든 사람이 어떤 미래에 대해서 일관된 공통적인 견해를 가지고 있다면, 그 견해는 틀릴 가능성이 아주 많다고 보고 군중심리에 휩싸인 대중들과 반대되는 포지션을 가지는 분석기법이다. (앞에 나오는 '틀리다'는 '다르다'의 잘못이다. 뒤의 '틀릴'은 옳다.)

■ 나와 생각이 다르면 '틀리다'고 생각하지 말고 '아! 저렇게 생각하는 사람도 있구나'라고 여겨야 한다. ('다르면' '틀리다'의 용법이 모두 옳다.)

■ 날씨예보가 자꾸 틀리다 보니까 예보가 나와도 믿어야 할지, 말아야 할지 고민된다. ('틀리다'를 맞게 썼다.)

■ 대학가 상권, 주택가 상권, 도심권 상권, 서울의 상권, 지방의 상권 등 상권에 따라 점포의 임대료도 다르고, 고객의 성향도 틀리다. ('틀리다'는 틀렸다. '다르다'로.)

다음 용례들의 '틀리다'는 모두 '다르다'의 활용형으로 바꿔야 한다.

■ 후발 주자들이 300억 원 내외의 택배사를 인수해 시장에 진출한 것과

는 차원이 틀리다.

- 1997년의 위기는 과잉 투자된 상황으로 인해 지불 능력에 문제가 생겨 일어난 것이었지만 현재의 물가 상승은 외부 충격으로 인한 것으로 상황이 틀리다.
- 한국과 싱가포르는 통화 정책 수단이 틀리다.
- 철마다 잡히는 고기가 다르다 보니 어죽에 쓰이는 재료 또한 계절별로 조금씩 틀리다.
- 마티즈는 미쓰비시상사에서 추진 중인 전기자동차와 가격대가 틀리다.

잠깐만 생각하면, 반대말을 떠올리면 쉽게 구별할 수 있는데도 우리는 무심코 '다르다'를 '틀리다'로 틀리게 쓴다. '작다'(크지 않다)와 '적다'(많지 않다), '낮다'(높지 않다)와 '얕다'(깊지 않다)를 혼동하듯이.

그러나 언어란 아메바 같아서, 외연과 내포가 끊임없이 꿈틀거린다. '틀리다'를 언제든 '맞지 않다'나 '맞히지 못하다'로 새길 수는 없다는 얘기다. '그가 오늘 안으로 돌아오기는 틀렸어' 같은 맥락에선 '가망이 없다'는 뜻이고, '그 사람 성격이 틀렸단 말이야'에선 '어떤 기준에 비추어 바르지 못함'을, '네가 악기를 딱 들면 소리부터가 틀려'에선 '달라지다'를 의미한다.

Q 다음 문장을 자연스럽게 고치시오.

1. 20대와 30대는 느낌도 틀리고 목소리 톤도 틀리다.
2. 계속 법이 바뀌고 시점에 따라 기준이 틀리다 보니 혼란이 생긴다.

A

1. 20대와 30대는 느낌도 다르고 목소리 톤도 다르다.
2. 계속 법이 바뀌고 시점에 따라 기준이 다르다 보니 혼란이 생긴다.

44

호들갑스러운 작은따옴표(‘ ’)

작은따옴표는 중요한 부분을 강조하고 싶을 때나
익숙하지 않은 단어를 쓸 때 많이 사용한다.

따옴표의 쓰임새에 대해 알아보자. 큰따옴표(“ ”)는 직접 대화를 표시하거나(예문①), 남의 말을 인용할 경우(예문②)에 쓴다. 작은따옴표(‘ ’)는 따온 말 가운데 다시 따온 말이 들어 있거나(예문③), 마음속으로 한 말을 적을 때(예문④) 필요하다.

① “전기가 없었을 때는 어떻게 책을 보았을까?” “그야 등잔불을 켜고 보았겠지.”

② “사람은 사회적 동물이다”라고 말한 학자가 있다.

③ “여러분! 침착해야 합니다. ‘하늘이 무너져도 솟아날 구

멍이 있다'고 합니다."

④ '만약 내가 이런 모습으로 돌아간다면, 모두들 깜짝 놀라겠지.'

아래에서 보듯이 중요한 부분을 두드러지게 하기 위해 드러냄표(방점) 대신에 작은따옴표를 쓰기도 한다.

■ '배부른 돼지'보다는 '배고픈 소크라테스'가 되겠다.

'중요한 부분을 두드러지게 하기 위해서'라고 하는 것은 단어나 어구를 강조할 때, 익숙하지 않은 용어나 조어造語를 처음 쓸 때, 속어·구어 등을 원용하면서 일반적인 용어가 아니라는 사실을 알리고자 할 때 등이다. 문제는 작은따옴표를 남발하는 것이다.

■ '항도' 부산을 대표하는 원로 소설가이자 향토사학자인 그는 부산 거제동의 한 아파트에 살고 있다. ('항도'에 왜 작은따옴표를 넣었는지 알 수 없다.)
■ 히딩크 감독이 처음 주목한 것은 선후배 선수들 간의 '호칭' 문제였다. (호칭에 작은따옴표를 한 의도를 알기 어렵다.)
■ 정기국회에서 '이명박표' 정책과 법안을 처리하기 위해 제1야당의 협조가 필수적이었던 만큼 이 대통령으로선 '불가피한 선택'이었겠지만 그가 '여의도 정치'를 비생산적·비효율적으로 보고, 백안시했던 사실

을 감안하면 '인식의 전환'이 생긴 것 아니냐는 기대 섞인 해석이 나온다. (한 문장에서 작은따옴표가 네 번 나온다. '불가피한 선택' '인식의 전환'에는 없는 것이 자연스럽다.)

- '물가 억제'를 위해 정부가 취할 수 있는 수단 가운데 과연 어느 쪽이 더 합리적일까. (작은따옴표를 한 것과 하지 않은 것의 차이가 없다.)
- 대한생명 인수 당시 20~30명에 불과했던 인수팀은 계열사와 외부 자문사를 합쳐 100명 가까이로 불어났다. 김 회장은 인수 의지 못지않게 '적절한 가격'을 강조한다. 이 같은 변화를 '나이 탓'으로 보는 시각도 있다. (따옴표의 유혹을 느낄 때는 일단 붙이지 말고 읽어 보자. 작은따옴표가 많이 달리면 글이 호들갑스러워진다.)

Q 다음 문장을 자연스럽게 고치시오.

1. 김 교수는 파주 헤이리 아트밸리 마스터플랜을 맡아 일약 '스타'로 떠올랐다.
2. 제주도는 지역의 독특한 경관 요소인 '오름'(기생화산)을 관광 자원으로 활용하기로 했다.

A

1. 김 교수는 파주 헤이리 아트밸리 마스터플랜을 맡아 일약 스타로 떠올랐다.
2. 제주도는 지역의 독특한 경관 요소인 오름(기생화산)을 관광자원으로 활용하기로 했다.

45
중복은 하품을 부른다

같은 단어와 구절이 중복되는 것은 피해야 한다.
한 문장 안에서는 물론이고 가까이 있는 문장에서도 마찬가지다.

아침에 맛있게 먹은 음식이라도 저녁 식탁에 다시 오르면 젓가락이 잘 가지 않는다. 좋은 얘기도 자꾸 들으면 싫증이 난다. 문장에서도 마찬가지다. 조금 전에 나왔던 단어가 또 나오면 독자는 지루해 하고 글의 신선도는 확 떨어진다. 같은 단어와 구절이 중복되는 것을 피하자. 한 문장 안에서는 물론이고, 가까이 있는 문장에서도 마찬가지다.

신문이나 잡지의 기사를 유심히 보면 '말했다' '밝혔다' '강조했다' '주장했다' 등으로 동사가 바뀐다. '말했다'를 반복하지 않기 위해서다. 중복되는 부분을 빼고 정 안 되면 다른 단어로 바꾸자.

■ 아직은 고객이 많지 않지만 문의가 많아지고 찾아오는 손님도 많아지고 있어 전망이 밝다. ('많다' 표현이 잇따른다. 비슷한 단어로 바꾸자.)

◐ 아직은 고객이 많지 않지만 문의가 늘어나고 찾아오는 손님도 증가하고 있어 전망이 밝다.

■ 함께 학교를 마친 두 사람은 1978년 공동 건축사무소를 열어 지금까지 함께하고 있다. (짧은 문장에 '함께' '공동' '함께하고'가 잇따라 나온다. 앞부분을 '같은 해에 졸업한 두 사람은…'으로 고치자.)

◐ 같은 해에 졸업한 두 사람은 1978년 공동 건축사무소를 열어 지금까지 함께하고 있다.

동일한 단어나 구절은 아니지만 의미가 중복되는 경우가 있다. 그러나 강조하기 위해 또는 의미를 부여하기 위해 되풀이한 것이 글의 긴장감을 떨어뜨리는 역효과를 가져온다. 우리말과 한자어가 어울릴 때 흔히 나타나는 겹말은 자칫 한자어의 뜻도 모르고 글을 썼다는 인상을 줄 수 있다.

■ 문재인 후보가 누적 득표율에서도 과반을 넘어설지 관심이다. ('과반'은 절반을 넘는다는 뜻이다.)

◐ 문재인 후보가 누적 득표율에서도 절반을 넘어설지 관심이다.

◐ 문재인 후보가 누적 득표율에서도 과반이 될지 관심이다.

■ 예상치 못한 갑작스러운 출장으로 옷가지를 챙겨 오지 못했다. ('예상

치 못한' 과 '갑작스러운' 은 같은 뜻이다. 하나를 선택하자.)

➲ 갑작스러운 출장으로 옷가지를 챙겨 오지 못했다.

■ 가이드가 많지 않으므로 주말과 성수기에는 미리 예약해야 한다. (예약은 미리 해야 하는 것이지 나중에 하는 것이 아니다. '미리' 는 불필요.)

➲ 가이드가 많지 않으므로 주말과 성수기에는 예약해야 한다.

■ 이들 업체는 노인시설에 PC를 무료로 기증해 좋은 반응을 얻고 있다. (기증은 선물이나 기념으로 남에게 물품을 거저 주는 것이다. '무료로' 는 사족.)

➲ 이들 업체는 노인시설에 PC를 기증해 좋은 반응을 얻고 있다.

■ 전기 누전이나 난방기구 과열로 인한 화재로 추정된다. (전기가 전깃줄 밖으로 흘러나오는 것이 누전이다. '전기' 는 불필요하다.)

◆ 누전이나 난방기구 과열로 인한 화재로 추정된다.

중복을 없앤다는 이유로 '황토흙'을 '황토'로 바꿔 써서는 안 된다는 견해(이어령 선생)가 있다. 황토흙이라는 단어에는 황토에 없는 독특한 느낌이 들어 있다는 것이다. 일리 있는 지적이다. 고민해 보자.

Q | 다음 문장을 자연스럽게 고치시오.

1. '여성이 행복한 도시'의 첫 출발은 보육시설 확충에서 시작된다.
2. 중국이 부끄러운 치부를 드러낼 수 있을 정도로 자신감을 얻었다.
3. 힘겨운 사투 끝에 뭍으로 올라온 중국 선원들이 안도의 한숨을 내쉬고 있다.

A |

1. '여성이 행복한 도시'는 보육시설 확충에서 시작된다.
2. 중국이 치부를 드러낼 수 있을 정도로 자신감을 얻었다.
3. 사투 끝에 뭍으로 올라온 중국 선원들이 안도의 한숨을 내쉬고 있다.

46
'관계자'를 줄이자

출처를 제대로 밝히지 않고 '관계자'로 두루뭉술하게 지나가는 것은
독자에 대한 서비스가 아니다.
출처를 정확하게 밝히면 글의 신뢰도가 올라간다.

글을 쓰다 보면 인용할 때가 많다. 다른 사람의 말이나 책에 나온 것을 재활용하는 것이다. 이때 아래 예문처럼 출처를 밝히는 것은 독자에 대한 서비스이자 의무다. 미국의 글쓰기 전문가 개리 프로보스트는 『전략적 글쓰기*100 Ways To Improve Your Writing*』에서 "훌륭한 출처는 신빙성을 높여 주며, 폭넓게 받아들이는 가설에 반하는 주장을 내놓을 때나 중대한 결정이 글의 정확성에 좌우될 때 더 중요한 의미를 지닌다"고 강조했다.

■ "명품은 나이, 인종, 지리적 · 경제적 장벽을 초월합니다. 우리는 부유층 훨씬 너머까지 고객 범위를 확대했습니다." 세계적인 명품 그룹

LVMH의 중역이 1997년 〈포브스〉와의 인터뷰에서 한 말이다(데이나 토마스 『럭셔리』).

■ 일본의 와타나베 준이치 박사는 『둔감력』에서 “어려서 고생한 사람은 약간 상한 음식을 먹어도 식중독에 잘 걸리지 않는다”며 ‘가난한 날의 행복’ 중엔 질병에 대한 면역력도 포함된다고 봤다.

학자들은 논문에서 출처를 밝히지 않아 종종 표절 시비에 휘말린다. 논문에 비해 기준이 덜 엄격한 신문 · 잡지에서는 ‘청와대의 한 핵심 관계자’ 등 ‘관계자’로 두루뭉술하게 포장하는 때가 많다. 예민한 사안일수록 그렇다. 취재원을 보호하기 위해서라고는 하지만 독자 입장에서는 불친절하게 느껴진다.

꼭 익명을 써야 할 이유가 없는데도 '관계자'를 습관적으로 남발하는 것은 고쳐야 한다. '관계자'가 누구인지 분명히 밝히는 것이 글의 신뢰도를 높인다. 다음 예문을 보자.

- 울산시 관계자는 "주 5일 근무제 정착에 따른 산행 및 야외활동 인구의 지속적 증가로 안전사고가 빈번하게 발생하고 있다"면서 "이번 캠페인을 통해 시민의 안전의식을 드높이는 계기가 되기를 바란다"고 말했다.
- 법무부 관계자는 "이번 설문조사는 체류 중인 외국인의 직업이나 활동 분야를 중심으로 생활 실태를 파악한 것"이라며 "체류 외국인의 불편 해소를 위한 생활 공감 정책 개발에 활용하겠다"고 밝혔다.
- 국립공원관리공단 속리산 사무소 관계자는 "통제구간을 허가 없이 들어가거나 인화물질을 휴대하면 최고 50만 원의 과태료를 물게 된다"고 말했다.

사실 어디까지가 '관계자'인지 애매한 때가 많다. 산부인과 병원의 산실産室 앞에 붙은 '관계자 외 출입금지' 표지를 보고 아기 아빠가 될 사람이 들어가야 할지 말아야 할지 몰라 난감했다는 우스갯소리가 있지 않은가.

Q 다음 문장을 자연스럽게 고치시오.

1. 서울시 관계자는 "CCTV 설치를 통한 감시망을 이 같은 서비스와 연계해 지속적으로 관리하겠다"고 말했다.
2. 행정안전부 관계자는 "취약계층의 정보화 수준을 2012년까지 일반 국민 대비 75% 수준으로 향상시킬 방침"이라고 말했다.

A

1. 서울시 김OO 평생교육팀장은 "CCTV 설치를 통한 감시망을 이 같은 서비스와 연계해 지속적으로 관리하겠다"고 말했다.
2. 행정안전부 이OO 정보문화과장은 "취약계층의 정보화 수준을 2012년까지 일반 국민 대비 75% 수준으로 향상시킬 방침"이라고 말했다.

47

주어 따로, 술어 따로

문장을 구성하는 주어 · 목적어 · 술어는 서로 맞아떨어져야 한다.
머리 따로 다리 따로 놀면 안 된다.

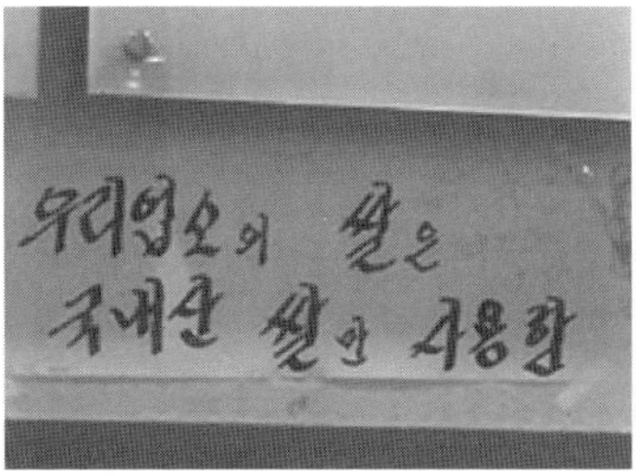

유치원 선생님이 '하나, 둘' 하면, 어린이들은 큰 소리로 '셋, 넷'으로 화답한다. '병아리'에는 '삐악삐악'이 나온다. 이처럼 호응은 중요하다. 장단이 맞아야 한다는 말이다.

문장에서도 마찬가지다. 문장에서 주어는 머리고 술어는 다리다. 문장을 구성하는 주어 · 목적어 · 술어는 서로 맞아떨어져야 한다. 사람 머리엔 사람 다리가, 닭 머리엔 닭 다리가 따라야 하는 것이다. 실상은 그렇지 않을 때가 많다. 필자가 가끔 들러는 서울 서초동의 한 식당에 붙어 있는 안내문을 보자. 주인은 국산 쌀을 사용한다는 것을 강조하고 있다. 그런데 주어와 술어가 어울리지 않는다. '우리 업소에서는 국산 쌀만 사용합니다'로 고치면 깔끔해진다.

■ 조씨는 간병 경력이 전무한 46명으로부터 1인당 30만~65만 원씩을 받고 협회 명의로 경력증명서를 발행, 전문 교육기관에서 받아야 할 교육을 면제받게 해준 혐의다. (사건을 보도하는 기사에서 흔히 볼 수 있는 문장이다. 그러나 주어 '조씨는'과 서술어 '혐의다'는 어울리지 않는다. '혐의를 받고 있다'로 고쳐야.)

➲ 조씨는 간병 경력이 전무한 46명으로부터 1인당 30만~65만 원씩을 받고 협회 명의로 경력증명서를 발행, 전문 교육기관에서 받아야 할 교육을 면제받게 해준 혐의를 받고 있다.

■ 섬유를 IT, BT, NT, GT 등과 융합한다면 미래의 신성장동력으로 발전해 갈 수 있을 것이다. (주어 '우리가'가 생략된 문장이다. 따라서 '발전시킬 수'가 나와야.)

➲ 섬유를 IT, BT, NT, GT 등과 융합한다면 미래의 신성장동력으로 발전시킬 수 있을 것이다.

■ 충남도의회는 이날 오전 회기 및 의사일정을 수립하고, 의원들의 의정활동을 지원하기 위해 열릴 예정이던 운영위원회 회의가 열리지 못했다. (문장이 꼬였다. '… 지원하기 위해 운영위원회를 열 예정이었으나 회의를 개최하지 못했다'로 정리하자.)

◐ 충남도의회는 이날 오전 회기 및 의사일정을 수립하고, 의원들의 의정 활동을 지원하기 위해 운영위원회를 열 예정이었으나 회의를 개최하지 못했다.

■ 총 130억 원을 들여 54개 학교 162개 동의 화장실이 쾌적하게 바뀐다. (숨어 있는 주어가 '교육청은' 이어서 '화장실이' 를 '화장실을' 로, 서술어 '바뀐다' 는 '바꾼다' 로.)

◐ 총 130억 원을 들여 54개 학교 162개 동의 화장실을 쾌적하게 바꾼다.

■ 병원 측은 진료비를 전액 현금으로 결제하고 현금영수증을 발급하지 않는 조건으로 진료비의 5%를 깎아 주겠다고 제안했다. (진료비를 결제하는 주체는 환자(고객)이고, 현금영수증을 발급하지 않는 것은 병원이다. 구문을 바꾸자.)

◐ 환자가 진료비를 전액 현금으로 결제하고 현금영수증을 요구하지 않는 조건으로 병원 측은 진료비의 5%를 깎아 주겠다고 제안했다.

■ 오후 내내 우리 일가족은 호텔 거실에 머물면서 서로 가족사진과 옛날 얘기를 나누느라 시간 가는 줄 몰랐다. (목적어 '가족사진' 과 '옛날 얘기' 를 서술어 '나누느라' 가 공유하고 있으나 '가족사진' 은 '나누느라' 와 어울리지 못한다. '가족사진을 돌려 보고, 옛날 얘기를 나누느라…' 로.)

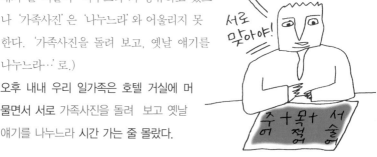

◐ 오후 내내 우리 일가족은 호텔 거실에 머물면서 서로 가족사진을 돌려 보고 옛날 얘기를 나누느라 시간 가는 줄 몰랐다.

■ 겨울철에는 가습기나 빨래를 널어 실내 습도를 조절한다. ('가습기를 틀거나 빨래를 널어'가 되어야.)

➲ 겨울철에는 가습기를 틀거나 빨래를 널어 실내 습도를 조절한다.

■ 환자 부담과 의보 재정만 축내고 있다. ('환자의 부담'에 어울리는 서술어가 필요하다.)

➲ 환자의 부담을 가중시키고 의보 재정만 축내고 있다.

Q 다음 문장을 자연스럽게 고치시오.

1. 이 집은 거대한 규모뿐만 아니라 실내 장식도 화려함 그 자체다.
2. 하산 중에 길을 잃은 등산객을 119 구조대원들이 며칠 동안 퇴근도 하지 못한 채 찾았지만 결국 싸늘한 시신으로 발견됐다.

A

1. 이 집은 거대한 규모뿐만 아니라 화려한 실내 장식으로도 유명하다.
2. 하산 중에 길을 잃은 등산객을 119 구조대원들이 며칠 동안 퇴근도 하지 못한 채 찾았지만 등산객은 결국 싸늘한 시신으로 발견됐다.

48
단어와 구절 '급'이 맞아야

협상할 때 양측 대표의 '급'이 맞아야 하듯
단어와 구절을 열거할 때도 마찬가지다.

단어와 구절을 늘어놓을 때는 '급'을 맞춰야 한다. 단어를 열거할 때는 같은 성격의 것으로, 구나 절을 나열할 때는 같은 구조로 이어야 한다는 뜻이다. 그러지 않으면 문장이 딱딱해지고 제대로 흘러가지 못한다. 이해가 안 되는 문장이 나올 수 있다.

■ 통학 버스 대신 엄마와 손잡고 이야기하며 걷는 것을 아이가 좋아한다. ('통학 버스'는 구, '엄마와 손잡고 이야기하며 걷는 것'은 절의 형태다. '통학 버스를 타지 않고'로 바꿔야 한다.)

➲ 통학 버스를 타지 않고 엄마와 손잡고 이야기하며 걷는 것을 아이가 좋아한다.

■ 롯데는 손민한의 호투와 오랜만에 타선이 폭발하며 승리했다. ('손민한의 호투'는 구, '타선이 폭발하며'는 절이다. 앞에 구가 오면 뒤에도 구가 와야 하고, 앞에 절이 오면 뒤에도 절이 와야 한다.)

○ 롯데는 손민한의 호투와 오랜만의 타선 폭발로 승리했다.

○ 롯데는 손민한이 호투하고 오랜만에 타선이 폭발해 승리했다.

■ 프랑스 파리와 이탈리아 밀라노, 미국 등이 세계 패션을 주름잡고 있다. (앞의 두 지역은 '나라+도시' 구조인데 '미국'은 나라만 있고 도시가 없다. 미국도 도시 이름을 넣어 주든가, 아니면 다른 나라도 도시 이름을 빼야 한다.)

○ 프랑스 파리와 이탈리아 밀라노, 미국의 뉴욕 등이 세계 패션을 주름잡고 있다.

■ 남자의 질투는 여자보다 무섭다. (비교의 대상이 잘못됐다. '남자의 질투'에 대응하는 말은 '여자'가 아니라 '여자의 질투'가 되어야 한다.)

○ 남자의 질투는 여자의 질투보다 무섭다.

■ 소액주주의 감자 문제와 채권은행의 부담이 얼마일지에 관심이 쏠리고 있다. ('소액주주의 감자 문제'라는 명사구에는 '채권은행의 부담액'이 어울린다.)

○ 소액주주의 감자 문제와 채권은행의 부담액이 얼마일지에 관심이 쏠리고 있다.

■ 합리적인 노사 관계를 구축하기 위해서는 노사 간의 신뢰 회복과 제도

를 정비하는 것이 필요하다. ('노사 간의 신뢰 회복'은 '명사+명사', '제도를 정비하는 것'은 '목적어+서술어' 형태다. 둘 다 같은 구조로 '노사 간의 신뢰를 회복하고 제도를 정비하는' 또는 '노사 간의 신뢰 회복과 제도 정비가'로.)

➲ 합리적인 노사 관계를 구축하기 위해서는 노사 간의 신뢰 회복과 제도 정비가 필요하다.

■ 폭력 조직들이 벤처기업의 지분을 갈취하거나 주가 조작 등의 방법으로 자금 확보에 나섰다. (마찬가지로 '지분을 갈취하거나 주가를 조작하는 등의 방법으로' 또는 '지분 갈취나 주가 조작 등의 방법으로'가 좋다.)

➲ 폭력 조직들이 벤처기업의 지분을 갈취하거나 주가를 조작하는 등의 방법으로 자금 확보에 나섰다.

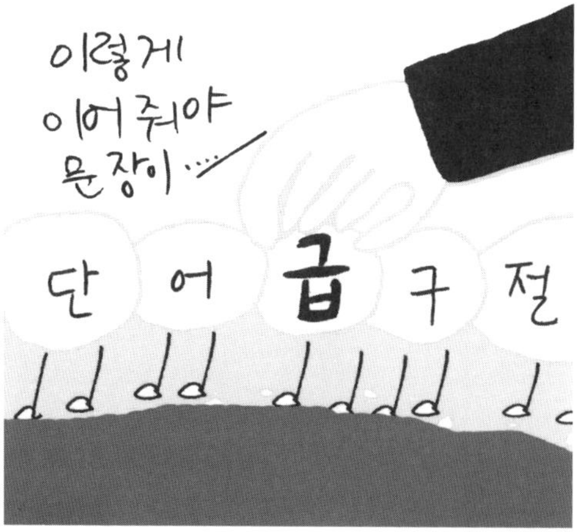

Q | 다음 문장을 자연스럽게 고치시오.

1. 그는 요즘 학교 기숙사에서 생활하며 6시간 보충수업과 2시간 책을 읽는다.
2. 도쿄의 노점 음식, 터키의 케밥, 로마 아이스크림, 미국 핫도그, 스웨덴 주스, 암스테르담 치즈가 특색 있는 키오스크에 차려진다.

A

1. 그는 요즘 학교 기숙사에서 생활하며 6시간 보충수업을 하고 2시간 책을 읽는다.
2. 일본(도쿄)의 노점 음식, 터키의 케밥, 이탈리아(로마) 아이스크림, 미국 핫도그, 스웨덴 주스, 네덜란드(암스테르담) 치즈가 특색 있는 키오스크에 차려진다.

49
수식어는 피수식어 가까이

관형어 · 부사어 등 수식어는 수식되는 말 가까이에,
주어는 술어 가까이에 두면 의미를 파악하기가 수월하다.

문장을 구성하는 요소를 갖췄다고 훌륭한 문장이 되는 것이 아니다. 제 위치에 있어야 의미가 제대로 전달된다. 자기 자리가 아닌 곳에 있으면 엉뚱한 오해를 불러일으키기 십상이다. 한 가지 원칙을 기억해 두자. 관형어 · 부사어 등 수식어는 수식되는 말 가까이에 놓아야 한다는 것이다.

■ 제주시 탑동과 용연 구름다리를 잇는 한라산 높이와 같은 길이의 관광 · 테마 거리가 내년 1월 완공된다. (한라산이 탑동과 용연 구름다리를 잇는 것으로 오해될 수 있다. 두 개의 문장으로 나누자.)

➲ 제주시 탑동과 용연 구름다리를 잇는 관광 · 테마 거리가 내년 1월 완공된다. 그 길이는 한라산 높이와 같다.

■ 경제 전망이 불투명한 상황에서 기업들이 쉽사리 번 돈을 투자하기는 어렵다. ('쉽사리'가 '번 돈'을 수식하는 것처럼 보여 어색하다. '번 돈을 쉽사리 투자하기는 어렵다'로.)

➲ 경제 전망이 불투명한 상황에서 기업들이 번 돈을 쉽사리 투자하기는 어렵다.

■ 제가 말씀드린 문제에 대한 솔직하고 냉정한 선생님의 답변을 부탁드립니다. ('솔직하고 냉정한 선생님'으로 오해될 수 있다. '선생님의 솔직하고 냉정한 답변'이 낫다.)

➲ 제가 말씀드린 문제에 대한 선생님의 솔직하고 냉정한 답변을 부탁드립니다.

주어와 서술어도 너무 멀면 곤란하다. 긴 문장에서는 주어와 술어를 가까이 두기만 해도 의미를 파악하는 것이 수월해진다. '주어+목적어+서술어' 순서가 원칙이나 목적어가 길면 '목적어+주어+서술어'로 하는 것이 좋다. 여러 개의 절節로 이뤄진 복문複文은 이해하기 쉬운 몇 개의 단문單文으로 나누자.

■ 호주 양궁 대표팀의 오교문 감독이 박면권 콜롬비아 양궁 대표팀 감독이 한국 취재진과 이야기하는 것을 보면서 한마디 던졌다. (주어인 '호주 양궁 대표팀의 오교문 감독이'와 서술어 '던졌다'의 거리가 너무 멀다. '… 보면서 호주 양궁 대표팀의 오교문 감독이 한 마디 던졌

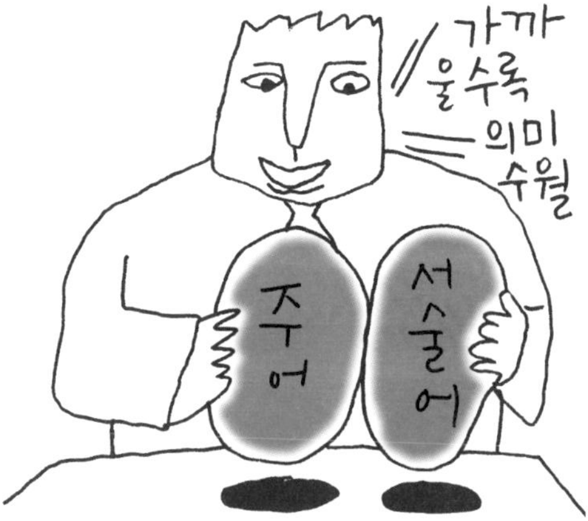

다'가 자연스럽다.)

◐ 박면권 콜롬비아 양궁 대표팀 감독이 한국 취재진과 이야기하는 것을 보면서 호주 양궁 대표팀의 오교문 감독이 한마디 던졌다.

■ 국내외 증권사들이 주요 기업들이 하반기에도 눈에 띄는 실적 개선이 없을 것으로 전망하는 등 비관론이 확산되고 있다. (주어 '국내외 증권사들이'와 '주요 기업들이'가 나란히 붙어 있다. '주요 기업들이 하반기에도 눈에 띄는 실적 개선이 없을 것으로 국내외 증권사들이 전망하는 등 …'으로 바꾸자.)

◐ 주요 기업들이 하반기에도 눈에 띄는 실적 개선이 없을 것으로 국내외 증권사들이 전망하는 등 비관론이 확산되고 있다.

■ 기자들이 18일 오전 영장실질심사를 받기 위해 서울중앙지법에 출두하는 정치인을 취재하고 있다. (언뜻 '기자들이 영장실질심사를 받기 위해'로 비칠 수 있다. 목적어가 길기 때문에 주어 '기자들이'를 서

술어 '취재하고 있다' 바로 앞에 두는 것이 좋다.)

➲ 18일 오전 영장실질심사를 받기 위해 서울중앙지법에 출두하는 정치인을 기자들이 취재하고 있다.

Q 다음 문장을 자연스럽게 고치시오.

1. 이 시대 진정한 삶의 가치는 무엇인가.
2. 그는 후진타오胡錦濤 중국 국가 주석이 〈인민일보〉를 방문해 "오랫동안 한반도에서 취재한 쉬바오캉 동지는 진정한 고급 기자"라고 평가했을 정도로 영향력 있는 인물이다.
3. 전남 영암의 한 조선소에서 대형 공장 철문이 초속 33m의 강풍에 넘어졌다.

A.

1. 이 시대 삶의 진정한 가치는 무엇인가.
2. 후진타오胡錦濤 중국 국가 주석이 〈인민일보〉를 방문해 "오랫동안 한반도에서 취재한 쉬바오캉 동지는 진정한 고급 기자"라고 평가했을 정도로 그는 영향력 있는 인물이다.
3. 전남 영암의 한 조선소에서 공장의 대형 철문이 초속 33m의 강풍에 넘어졌다.

50
끝낼 때는 여운을 남기고

끝날 듯하면서도 이야기가 이어지면 독자는 지루해 한다.
새로운 팩트가 없으면 글을 끝내야 한다.

시작이 있으면 끝이 있는 법이다. 할 말을 다했으면 글을 끝내야 한다. 끝날 듯하면서도 이야기가 이어질 때 독자는 지루해 하고 짜증을 낸다. 초등학교 시절 조회 시간의 교장 선생님의 훈시, 결혼식의 주례사, 목사님의 설교를 생각해 보자. 말을 하는 사람은 신바람이 나 있을지 몰라도 듣는 사람은 끝나기만을 학수고대한다.

글 역시 잘 마무리해야 독자에게 좋은 인상을 남길 수 있다. 첫 문장을 어떻게 시작해야 할지 고민하는 만큼 끝맺음에도 신경을 쓰자. 끝내야 할 시점을 아는 것이 중요하다. 언제 끝낼까?

당신이 애초에 하려던 일을 다 끝내면, 거기서 끝내라. 작별 인사를 열여섯 번이나 하느라 문간에 서성이는 일은 없도록 하라. 마지막 문장을 보면서 스스로에게 "이 문장을 지우면 독자들이 무엇을 잃게 될까?"라고 물어보라. 만약에 그 대답이 "아무것도 없어"라거나 "모르겠는걸"로 되면 그 문장을 지워라. 그 다음 문장, 또 그 앞의 문장을 놓고 차례로 같은 질문을 던져보라. (게리 프로보스트 『전략적 글쓰기』에서)

새로운 팩트가 없으면 글을 끝내야 한다는 말이다. '다시 말해서' '거듭 강조하면' '결론적으로 말하면' 등의 문구가 나오면 때가 됐다고 봐야 한다. 했던 말을 반복한다고 의미가 강조되는 것이 아니다. 사족이 될 뿐이다.

마지막 문장이나 단락은 독자가 아쉬움을 갖도록 하는 것이 좋다. 독자들이 지금까지의 이야기를 돌아볼 수 있는 여유를 갖도록.

글쓰기 공포 탈출하기

초판 1쇄 발행 2013년 3월 7일

지 은 이 김상우

펴 낸 이 최용범
펴 낸 곳 페이퍼로드
출판등록 제10-2427호(2002년 8월 7일)
서울시 마포구 연남동 563-10번지 2층

이 메 일 book@paperroad.net
Tel (02)326-0328, 6387-2341 | Fax (02)335-0334

I S B N 978-89-92920-83-4 13710